KB132979

믿는다는 것

너머학교 열린교실 06

이찬수 선생님의 종교 이야기 믿는다는 것

이찬수 글 노석미 그림

너머학교

사람은 자연학적으로는 단 한 번 태어나고 죽지만 인문학적으로는 여러 번 태어나고 죽습니다. 세포의 배열을 바꾸지도 않은 채 우리의 앎과 믿음, 감각이 완전 다른 것으로 변할 수 있습니다. 이것은 그리 신비한 이야기가 아닙니다. 이제까지 나를 완전히 사로잡던 일도 갑자기 시시해질 수 있고, 어제까지 아무렇지도 않게 산 세상이 오늘은 숨을 조이는 듯 답답하게 느껴질 때가 있습니다. 내가 다른 사람이 된 것이지요.

어느 철학자의 말처럼 꿀벌은 밀랍으로 자기 세계를 짓지만, 인간은 말로써, 개념들로써 자기 삶을 만들고 세계를 짓습니다. 우리가 가진 말들, 우리가 가진 개념들이 우리의 삶이고 우리의 세계입니다. 또 그것이 우리 삶과 세계의 한계이지요. 따라서 삶을 바꾸고 세계를 바꾸는 일은 항상 우리 말과 개념을 바꾸는 일에서 시작하고 또 그것으로 나타납니다. 우리의 깨우침과 우리의 배움이 거기서 시작하고 거기서 나타납니다.

아이들은 말을 배우며 삶을 배우고 세상을 배웁니다. 그들은 그렇게 말을 만들어 가며 삶을 만들어 가고 자신이 살아갈 세계를 만들어 가지요. '생각교과서—열린교실' 시리즈를 준비하며, 우리는 새로운 삶을 준비하는 모든 사람들, 아이로 돌아간 모든 사람들에게 새롭게 말을 배우자고 말하고자 합니다.

무엇보다 삶의 변성기를 경험하고 있는 십대 친구들에게 언어의 변성기 또한 경험하라고 말하고 싶습니다. 이번 시리즈를 위해 우리는 자기 삶에서 언어의 새로운 의미를 발견한 분들에게 그것을 들려 달라고 부탁했습니다. 사전에 나오지 않는 그 말뜻을 알려 달라고요. 생각한다는 것, 탐구한다는 것, 기록한다는 것, 느낀다는 것, 믿는다는 것, 꿈꾼다는 것, 읽는다는 것······. 이 모든 말들의 의미를 다시 물었습니다. 그리고 서로의 말을 배워 보자고 했습니다.

'생각교과서—열린교실' 시리즈가 새로운 말, 새로운 삶이 태어나는 언어의 대장간, 삶의 대장간이 되었으면 합니다. 무엇보다 배움이 일어나는 장소, 학교 너머의 학교, 열려 있는 교실이 되었으면 합니다. 우리 모두가 아이가 되어 다시 발음하고 다시 뜻을 새겼으면 합니다. 서로에게 선생이 되고 서로에게 제자가 되어서 말이지요.

2011년 겨울 고병권

차례

믿는다는 말,
그 오해와 이해

'믿어라'라는 말의 허전함

저는 종교인이면서 대학에서 종교학, 신학, 또는 불교학을 강의하는 교수이기도 합니다. 사람들이 건전한 상식에 따르면서도 종교의 깊이를 제대로 이해할 수 있도록 돕는 것이 제 사명이라 생각하며 살고 있지요. 우리의 삶이 조금이라도 더 풍요롭고 평화로워지기를 바라면서요.

종교는 일상적 경험만으로는 설명하기 힘들다고 생각하는 사람들이 많습니다. 그러다 보니 그 설명하기 힘든 부분을 받아들이게 하려고 '믿어야 한다'는 말을 자주 쓰곤 하지요. 하지만 '믿는다는 것'이 무엇인지, 어떻게 하라는 것인지 제대로 전달되거나 파악되지 않을 때도 많습니다. 흔한 말이라 저마다 다 알고 쓰는 것 같아도 정작 정의하려면 쉽지 않고, 또 말처럼 실제로 믿기도 어렵습니다. '믿음'이라는 것이 생각과는 달리 내 맘대로 만들어 낼 수 있는 것이 아니기 때문입니다.

예를 들어 믿으려 해도 믿어지지 않는데 '믿어야 한다'는 요청을 받으면 기분이 어떤가요? 더 이상 할 말이 없어지고, 해결하기 힘든 숙제만 받은 것 같은 느낌이 들지 않던가요? 아무리 생각해도 납득하기 어려운데도 "그럴수록 믿어야 한다."라는 말을 들으면, 대화는 중단되고 '그래서 어쩌란 말인가' 허전하고 난감해지기만 할지도 모르겠습니다. 앞으로 자세히 이야기하겠지만, 믿음은 어느 순간 '생겨나는' 것이지 아무 때나 제 마음대로 만들어 낼 수 있는 것이 아닙니다. 그런데도 '믿으라'는 요청을 들으면 내가 할 수 있는 일이 없어 무언가 공허한 느낌으로 이어지는 것입니다.

물론 '믿음'은 일상에서 많이 쓰는 말입니다. '친구를 믿는다'거나, '잘될 거라고 믿는다', '신 같은 것은 믿지 않는다'거나 하는 말들은 비교적 흔히 쓰이지요. 하지만 정작 '믿는다는 것'이 무엇인지, 어떤 때 쓰는 말인지, 곰곰 따지면 따질수록 알 듯 말 듯하고, 쉽게 설명할 수 있을 것 같다가도 막상 하려면 잘 안 되는 말이 '믿음'입니다. "정말 믿니?" 하는 질문을 받으면 '혹시 내가 말을 잘못했나?' 하는 느낌이 들면서 살짝 머뭇거리기도 하지요. 이렇듯 '믿는다'는 말은 함부로 쓰기 힘든 말이기도 합니다.

또 '믿는다'는 말과 '안다' 혹은 '기대한다'는 말을 혼동하기도 합니다. 믿음을 이해, 생각, 긍정 등의 말과 구분하는 것도 쉽지 않습니다. 또 믿음과 신앙, 신념, 신뢰 등은 어떻게 다를까요? 그게 그걸까요? 보통, 믿음의 반대말은 의심이라고 생각하는데 과연 그럴까요? 의심 없이 믿음이라는 것이 생길까요?

'믿는다'는 말의 속뜻

위키 백과에는 믿음을 "어떤 가치관, 종교, 사람, 사실 등에 대해 다른 사람의 동의와 관계없이 확고한 진리로서 받아들이는 개인적인 심리 상태"라고 정의하고 있습니다. 그런데 다음 문장들을 살펴보세요. 'Na⁺+Cl⁻=Nacl'을 믿는다. '2+5=7'이라고 믿는다. 어딘가 어색하지요? 과학 실험으로 입증할 수 있는 사실이나 구체적 사물에는 '믿는다'는 말을 쓰지 않기 때문입니다.

'책을 믿는다'는 말은 어떨까요? 얼핏 보면 어색하기도 합니다. 그러나 책에 담긴 지식과 지혜 덕분에 내가 성숙할 수 있고 인류의 미래가 보장될 것이라고 기대한다면, '책을 믿는다'는 말을 쓸 수 있을 것입니다. '엄마를 믿는다'는 말도 비슷합니다. 엄마의 생김새나 나이를 잘 안다는 뜻이 아니지요. 엄마를 좋아하고 이해한다는 뜻이고, 또 이제까지의 경험으로 보건대 무슨 실수나 어려움이 있어도 잘 이겨 낼 분이라는 희망적인 기대가 담긴 말입니다. '신을 믿는다'는 고백도, 삶을 돌아보고 세상 돌아가는 이치를 보니 신의 존재를 인정하지 않을 수 없을뿐더러 그 신이 앞으로도 우리를 돌보시리라는 희망이 담긴 말입니다.

이런 예들에는 공통점이 있습니다. 믿는다는 것에는, 지금은 완전하게 알 수 없는 부분도 지금까지의 경험으로 비추어 보건대 긍정적으로 기대하고 있다는 뜻이 들어 있습니다. 어떤 사실이나 가치가 긍정적으로 전개되리라 예측하면서 그 예측에 몸과 마음을 용감하게 맡기는 자세라고도 할 수 있습니다. 또 그렇게 맡긴 상태이기도 합니다. 그렇게 몸과 마음을 맡기는 자세가 믿음이고, 그렇게 맡긴 상태 역시 믿음입니다.

그러한 맡김을 통해, 비유하자면 '2%' 아쉽고 부족한 부분이 채워지면서 믿음의 대상과 내용이 나의 것이 됩니다.

브리태니커 백과사전에서는 '믿음'을 "사람을 지고의 신이나 궁극적인 구원과 연결하는 인간의 내적 태도나 신념 혹은 신뢰"라고 정의하고 있습니다. 이때 주의 깊게 보아야 할 낱말은 '연결하다'입니다. 믿음은 믿음의 대상과 주체를 연결해 주는 자세나 행위라는 것입니다. 어떻게 연결할 수 있을까요? 어떻게 해서 어떤 가치나 사실 등을 확실하게 자신의 것으로 받아들일 수 있을까요?

이 책에서 하나씩 풀어 나갈 주제들입니다. '믿는다는 것'이 무엇인지, '믿음'은 어떻게 해서 생겨나는지, 또 왜 옅어지거나 사라지는지, 믿음의 주체와 대상은 어떤 관계에 있는지, 왜 믿음이 왜곡되어 독선으로 가곤 하는지, 믿음, 신앙, 신념, 신뢰 등은 어떻게 다른지 등등을 중심으로 '믿는다는 것'에 대한 제 생각을 말해 보고자 합니다.

어떤 특정한 사실이나 가치를 믿도록 하려는 의도는 전혀 없습니다. '믿음' 하면 자연스레 신이 떠오르지만, 이 책은 일반적인 의미의 종교 책은 아닙니다. 물론 종교가 믿음을 바탕으로 하는 세계이기 때문에 종교 이야기도 자연스럽게 나올 것이고, 뒷부분에서는 제법 하게 될 것입니다. 그렇더라도 믿음의 내용이나 대상이 아닌, 믿는 행위나 자세가 무엇인지 쉽게 풀어 쓰려는 것이 이 책의 목적입

니다. 믿음은 인간의 내적 자세, 즉 인간 정신이나 마음의 작용에 관한 자세이니, 이를 통해 자신을 되돌아볼 수 있다면 좋겠습니다.

특히 종교에서 종종 벌어지는 일입니다만, 믿음의 내용이 왜곡되거나 교조화되어 배타적 독선으로 흐르지 않았으면 좋겠습니다. 믿음이 무엇인지 생각해 봄으로써 너그럽게 감싸고 열린 마음으로 서로 믿게 되었으면 좋겠습니다. 그래서 우리 사회가 성숙하는 데 도움이 되면 좋겠습니다.

이런 기대와 희망을 가지고 '믿는다는 것'에 대해 정리해 보고자 합니다. 딸 서현이 이 글을 먼저 읽고 고등학생의 시각에서 유익한 조언을 해 주었습니다. 종교학으로 박사 공부를 하고 있는 오현석 님도 좋은 아이디어를 주셨습니다. 고마움을 전합니다.

믿어져야 믿지!

"나를 믿나요?"

영화 「타이타닉」은 명작입니다. 비천한 신분의 그림쟁이 잭(레오나르도 디카프리오)과 귀족 신분의 로즈(케이트 윈슬렛)가 세계 최대의 호화 유람선 타이타닉에서 우연히 만나 나누는 순수한 사랑의 장면들은 다시 봐도 감동적입니다. 지체 높은 집안의 바람둥이 남자와 원치 않는 결혼을 앞둔 로즈는 고민 끝에 자살을 결심하고 뱃머리에서 바다로 뛰어내리려 하지요. 갑판을 거닐던 잭이 그 순간을 목격하고는 침착하게 설득하며 자살을 말립니다. 그 뒤 이들은 점차 서로에게 호감을, 나아가 사랑을 느낍니다.

영화에서 인상적인 장면 중 하나는 두 사람이 뱃머리에 서서 잭은 로즈의 몸을 잡아 지탱해 주고, 로즈는 잭에게 몸을 맡긴 채 하늘을 품을 듯 양팔을 벌리고 "날고 있어, 잭!" 하며 탄성을 지르는 장면입니다. 이런저런 광고에서 한 번쯤 보았을 겁니다.

뱃머리에 서는 일 자체를 천박하게 여기던 귀족 로즈가 자유로우면서도 진실한 잭에게 몸과 마음을 맡기게 된 일은 로즈의 인생 최대의 사건이었을 것입니다. 신분을 넘어선 사랑의 장면은 관객으로

서도 신선하고 짜릿합니다. 죽음을 결심하던 장소가 신뢰와 기쁨의 장소로 바뀌었다는 사실이, 비록 영화이기는 하지만, 우리 삶의 역동성을 잘 보여 줍니다.

이제 이 책의 주제인 '믿는다는 것' 이야기를 해 볼까요? 로즈가 뱃머리에서 탄성을 지르며 양팔을 벌리고 하늘을 품을 듯 자유를 만끽하기 직전, 로즈의 마음이 아직 완전히 열리지 않았을 때입니다. 잭에게 의탁하기는 너무 위험하지 않을까, 로즈는 잠시 의심했을 것입니다. 그 순간 뱃머리에서 잭이 로즈에게 묻지요. "나를 믿나요?(Do you trust me?)" 순간 잠시 정적이 흐르고, 잠시 후 로즈가 답합니다. "그래요, 믿어요.(Yes, I trust you.)"

영화에서 잭이 묻고 로즈가 답하는 사이는 1~2초 남짓한 시간이었습니다. 그러나 그 짧은 순간, 잭과 로즈에게 남아 있던 일말의 거리감이 단번에 없어집니다. 로즈의 입에서 "당신을 믿는다."라는 말이 나오면서, 로즈의 마음은 완전히 바뀝니다. 로즈는 잭에게 자신을 온전히 맡긴 채 하늘을 날듯 탁 트인 바다를 만끽하는 자유와 기쁨을 누리지요.

서로의 마음을 확인해 가면서 이들의 관계는 더 긴밀해집니다. 유람선 곳곳, 특히 사람이 드문 곳은 이들 사랑의 공간이 되었습니다. 서로가 서로의 일부가 되어 갔습니다. 관객도 점차 영화 속으로 몰입합니다. 영화는 클라이맥스를 향해 가지요.

그러던 중 평온하던 유람선이 짙은 안개로 잘 보이지 않던 거대 빙벽에 부딪힙니다. 그리고 서서히 침몰해 갑니다. 엄청난 혼란 속에서 두 사람은 작은 판자에 의지해 차가운 바다 위에서 서로의 사랑을 확인합니다. 두 사람이 몸을 의지하기에는 판자가 너무 작아서, 잭의 손은 판자를 잡고 있었지만 몸은 바다에 잠겨 있을 수밖에 없었지요. 빙하가 떠 있는 차가운 바다에서 몸이 얼어 가던 잭은 로즈의 손을 꼭 쥔 채 할머니가 될 때까지 살아남아 달라는 말을 남기고는 죽습니다. 로즈는 잭과의 약속을 지키려, 슬프고 안타깝지만 잭의 손을 놓고는 마지막 힘을 다해 마침 다가온 구조 보트까지 헤엄쳐 살아납니다. 잭과의 사랑은 할머니가 될 때까지 로즈의 마음속에서 계속됩니다.

믿음은 관계 속에서 형성된다

이들의 사랑은 아슬아슬한 뱃머리 끝 부분에서 로즈가 잭에게 몸을 맡긴 채 "잭, 하늘을 날고 있어!" 하며 소리치던 그 순간에 완성되었다고 할 수 있습니다. 로즈는 어떻게 잭을 믿게 되었을까요? "나를 믿나요?"라는 잭의 물음에 로즈는 어떻게 해서 "그래요, 믿어요."라고 답할 수 있었을까요?

신분 차이가 워낙 컸기에 서로의 존재조차 모르고 살았을 것입니다. 그러나 원치 않는 결혼으로 인생의 갈림길에 섰던 로즈가 짧은 시간이나마 '불량 청년' 잭의 솔직한 인간미에 빠져들면서, 두 사람은 신분의 차이와 재물의 힘을 넘어섰습니다.

"그래요, 믿어요."라는 말은 아무 관계도 없는 사람에게 느닷없이 내뱉을 수 있는 말이 아닙니다. 경험을 통해 믿을 만한 관계가 형성된 사람에게나 "믿는다."라고 말할 수 있습니다. 잭은 로즈만 살 수 있다면 자신은 죽어도 여한이 없겠다고 생각했습니다. 아니 잭 자신이 로즈 안에서 계속 살아가게 되리라고 믿었는지도 모르겠습니다.

잭과 로즈 사이의 믿음은 저절로 생겨난 것이 아닙니다. 길지 않은 시간이나마 그들이 진실하게 관계를 맺은 과정이 있었기에 가능한 일입니다. 신분을 넘어서는 순수한 사랑을 경험하면서 로즈는 점점 더 잭에게 마음을 열게 되었습니다. 그러면서 이 둘은 서로가 서로의 일부가 되어 갔고, 떼려야 뗄 수 없는 관계가 됩니다. 서로가 서로에게 자신의 모든 것을 걸 수 있는 것도 그래서입니다.

사람에 대한 믿음은 상대가 나 자신의 일부가 되면서 생겨납니다. 그렇게 일부가 되기까지 맺은 관계가 서로에 대한 믿음으로 이어진 것입니다. 그런 점에서 믿음은 내가 만든 것이라기보다는 상대방과의 관계가 만들어 낸 것입니다. 길든 짧든, 단순하든 복잡하든, 과정이 생략된 믿음은 없습니다. 아무런 관계도 없던 이에게서 믿음이 대번에 생겨나지 않습니다. 믿음이 이루어지려면 믿음의 대상이 이

해되고 어떤 식으로든 받아들여져야 합니다.

생판 처음 보는 사람에게 믿음이 갑자기 생겨날 리 만무합니다. 첫인상만으로도 호감은 가질 수 있지만, 믿을 수 있는 단계에까지 이르려면 시간이 필요합니다. 믿을 수 있는지 없는지 척 보면 안다는 관상가도 사실은 오랜 시간 여러 사람의 얼굴 유형을 공부하고 그 의미를 익혔기에 그럴 수 있는 것입니다. 이렇게 어떤 이에 대한 믿음은 그이와 대화하고 공감하고 여러 가지를 공유하면서 생겨납니다. 믿음은 관계의 산물인 것입니다.

믿을 만한 친구가 있다면 떠올려 보세요. 그 친구에 대한 믿음은 사귀어 본 적도 없는데 저절로 생겨난 것이 아니라는 사실을 알 수 있습니다. 정말 친한 사람이 되려면, 먼저 그 친구에 대해 알아야 하고 그 친구와 공감해야 하고 그 친구를 이해하는 과정이 필요합니다. 그 친구에게 상처를 받는 일도 생길 수 있지만, 오해를 풀고 이해하게 되면 더 친해집니다. 그런 과정을 거치고서야 진짜 친구가 됩니다. 친구에 대한 믿음이 생겨나고 그 친구가 나의 일부가 되는 것입니다. 어느 순간 그 친구를 믿게 된 것 같지만, 그 믿음은 그 친구를 알아 온 모든 과정에서 생겨난 것입니다.

이해 없는 믿음은 없다

관계 속에는 다양한 것들이 들어 있습니다. 대상에 대한 앎과 지식, 이해와 공감, 동의와 수긍 등등이 포함되어 있지요. 알지 못하고서, 관계가 형성되지 않고서는 믿음이 생기지 않습니다. 믿음이 생기려면 지식도 필요하고 지혜도 필요합니다. 앎이 없는 믿음이란 불가능합니다. 친구를 잘 알아야 친구에 대한 믿음이 생기는 것과 같습니다.

종교에서도 건강한 앎이 중요합니다. 하지만 앎을 무시하는 경향도 있습니다. 예를 들어 학교에서는 진화론을 배우는데 교회에서는 진화론을 거부하고 창조론(요즘은 '지적 설계론'이라는 표현이 사용되곤 합니다)만을 주장합니다. 진화론에 대해 이해하려 하지 않습니다. 그렇다고 해서 일반 신자들이 창조론 혹은 지적 설계론을 과학적으로 설명할 줄 아느냐면 그렇지도 않습니다. 성경에 그렇게 쓰여 있으니까 세상은 창조되었다고 생각할 뿐이지요. 창조의 의미에 대해서도 제대로 설명하지 못하는 경우가 훨씬 많습니다.

창조론을 주장하려면 창조에 대한 과학적 근거를 설명할 수 있어야 하고, 철학적 의미를 해설할 줄 알아야 합니다. 진화론을 주장하는 과학자들이 탁월하게 정리해 낸 만큼, 때로는 그 이상 공부해야 합니다. 그렇지 못한 채 그냥 목사님이 그렇게 얘기했고, 성경에 그런 식으로 쓰여 있다는 이유만으로 창조론을 옹호하려 한다면, 자칫 맹목적 독단에 빠질 가능성이 큽니다. 이 때문에 교회 다니는 학생들이 혼란스러워하는 경우가 많죠. 안타까운 일입니다.

　유럽 중세에 안셀무스라는 탁월한 철학자이자 신학자가 있었습니다. 나중에 영국 캔터베리의 대주교가 된 분이지요. 그는 이해하려면 믿어야 하고, 믿음에는 이해가 뒷받침되어야 한다고 보았습니다. 신앙 없는 이성은 교만이 되고, 이성 없는 신앙은 맹목이 된다고 말했습니다. 믿음과 이해 혹은 신앙과 이성은 나눌 수 없는 관계라는 것입니다. 한마디로 '이해를 추구하는 신앙'을 강조한 것이지요. 종교인들은 신앙을 중시하지만, 그 신앙에 건전한 이해가 빠지면 맹목이 되고 맙니다. 마찬가지로 믿음은 그 대상에 대한 이해를 동반할

● **안셀무스**(Anselmus, 1033~1109)
이탈리아에서 태어난 안셀무스는 그저 성직자나 종교 지도자이기만 했던 것이 아니라 서양 중세 시대를 대표하는 사상가이기도 했어요. 그의 사상은 신에 대한 합리적 이해를 추구하는 데 초점이 맞추어져 있었지요. 당시는 문화적으로 신 자체가 부정되는 시대는 아니었습니다. 신에 대한 신앙이 전제되었기에, 오히려 신의 존재를 포함해 신 자체를 따지고 규명하기 힘든 사회였지요.

('인물 작은 사전(126쪽)'에서 이어집니다.)

때 건전하고 온전해집니다.

교리적 신념만을 기준으로 남을 배척하는 경우는 대부분 잘 알지 못한 까닭입니다. 중국 송나라 때 영명연수(永明延壽)라는 선사가 이렇게 말했습니다.

"믿기만 하고 알지 못하면 무명(無明)을 더욱 자라게 하고, 알기만 하고 믿지 않으면 삿된 견해를 더욱 자라게 한다."

불교에서 '무명'이란 잘못된 의견이나 집착 때문에 진리를 깨닫지 못하는 마음의 상태를 이릅니다. 제아무리 뛰어난 진리의 세계도 이해는 못 한 채 무조건 믿으려고만 든다면 그때의 믿음은 허위이거나 맹목이 되는 것입니다.

여기서 이해한다는 것, 안다는 것은 그저 정보를 받아들이거나 외운다는 차원이 아닙니다. 성찰과 공감을 통한 이해이고 앎입니다. 집 주소나 휴대전화 번호, 가족 관계 등 가정환경을 안다고 친구에 대한 믿음이 생기는 것은 아닙니다. 친구의 내면을 이해하고 내 안에서 공감도 되어야 믿음이 생깁니다. 친구가 무엇을 좋아하고 싫어하는지, 어떤 가치를 중요하게 여기는지, 어떤 고민이 있는지 등등을 알아야 내면을 안다고 할 수 있겠지요.

제대로 알 때 믿음도 생깁니다. 고려시대의 뛰어난 학승인 보조국사 지눌이 "믿음과 앎을 겸해야 도(道)에 빨리 들어갈 수 있다."라고 강조했듯이, 믿음과 앎은 떼려야 뗄 수 없는 것이기 때문입니다.

준비된 이에게 생긴다

길거리나 지하철에서 "예수 천당, 불신 지옥"을 외치는 전도자들이
종종 눈에 띕니다. "예수 믿으면 천당 가고, 믿지 않으면 지옥 간다."
라는 말인데요, 길거리 전도자들은 안타까운 마음에 그렇게 외치겠
지만, 믿음은 그런 식으로 요청한다고 순식간에 생겨나는 것이 아닙
니다. 앞에서 앎의 중요성을 이야기했듯이, 예수를 믿을 수 있으려
면 먼저 예수에 대해 알아야 하고, 예수를 둘러싸고 역사적으로 벌
어진 사실에 공감해야 합니다. 정말 그런지 따져 보는 과정도 있어
야 합니다. 이런 과정을 거치면서 대상과의 관계가 긴밀해지면 마음
상태가 자신도 모르는 사이에 변하게 되는 것입니다.

불특정 다수를 향해, 들을 준비도 안 된 사람들을 향해 믿으라고
외치는 것은 공허하게 느껴집니다. 믿음의 속성에 어울리지 않는 요
청이니, 그 요청에 응하려는 마음이 들지 않는 것은 당연합니다. 자
신이 믿어야 할 내용에 대해 알아야 믿음으로 이어질 텐데, 제대로
알거나 이해하지 못하는데도 무조건 믿으라니 설득력이 떨어지지요.

수학에 별로 관심 없던 학생이 있었습니다. 새 학기 첫 수학 시간,
유감스럽게도 선생님이 대단히 무섭게 생겼습니다. '올해 죽었구나,
안 그래도 수학은 싫은데, 어쩌나⋯⋯.' 저녁에 집에 가서 엄마한테
선생님 싫다며 푸념하고, 괜히 선생님 때문에 수학을 포기하고 싶어

집니다. 그런데 시간이 흐르면서 새로운 사실을 발견했습니다. 무서워 보이는 겉모습과는 달리 수학 선생님은 자상했습니다. 수학을 어려워하고 싫어하는 학생들의 마음에 공감해 주면서 쉽게 설명하려 애썼습니다. 가끔 농담도 하고 학생들이 수학에 정을 붙이도록 마음 쓰는 모습도 읽혀졌습니다.

점점 더 선생님이 미더워졌습니다. 첫인상만으로 수학 선생님이 싫다며 푸념했던 것이 미안하기도 했고, 그래서 가능한 수학 숙제도 열심히 해 가려고 애썼습니다. 그러다 보니 수학이 그렇게 싫지만도 않고 할 만하다는 생각도 들었습니다. 한 학기 끝날 때쯤 되니 내년에도 저 선생님께 배웠으면 좋겠다는 생각이 들었지요.

수학 선생님에 대한 믿음은 어떻게 생겼을까요? 당연한 말이지만 거기에는 여러 달 동안 수학 선생님을 알아 가는 과정이 있습니다. 선생님의 농담에 웃기도 하고, 가끔 나에게 말을 걸어 오거나 공감해 주시는 데 작은 감동도 받습니다. 열심히 강의하는 모습에서 선생님으로서의 열정도 느껴집니다. 그러다 보니 수학에 대한 자신감도 좀 붙게 됩니다. 수학의 필요성, 선생님에 대한 신뢰는 이런 과정을 거쳐서 생겨납니다. 신뢰는 갑자기 하늘에서 뚝 떨어지는 것이 아닙니다.

마찬가지입니다. 믿음은 준비도 없이 순식간에 성립되지도 않고, 억지로 작정한다고 생겨나지도 않습니다. 믿음의 내용이나 대상에 대해 아무런 경험도 없다면, "그래 알았어, 믿을게."라고 말한다고 해도 실제로 믿어지지 않습니다. "그래 좋다, 그렇게 사후 영생까지 보증해 준다니 이제부터 믿겠다."라고 결정한다 해도, 내면이 믿음의 상태로 대번에 바뀌지는 않습니다. 앞으로 삶의 자세를 바꾸어 보겠다는 일시적 결심은 되겠지만, 실제로 믿음의 내용이나 대상과 하나가 되는 단계로까지 바로 들어가게 되지는 않습니다. 목에 칼을 들이대고 '믿을래 말래' 하며 강요한다면, 그 순간에는 '믿는 척 마는 척'할 수는 있겠지만, 단박에 속내까지 바뀌는 것은 아닙니다.

그런데도 "예수 천당 불신 지옥"이라며 일방적으로 외치기만 하니, 공허한 외침이 아닐 수 없습니다. "예수는 소외된 이웃을 자신처럼 사랑했던 훌륭한 분"이라 전하거나 "마음이 가난한 사람은 행복하다. 하늘나라가 그들의 것이다."(마태복음 5장 3절) 같은 말에 대해 생각해 보도록 기회를 주는 방식이 한결 나을 텐데 말이에요.

알아야 질문한다

학교에서 강의하면서 학생들에게 모르는 것이 있으면 질문하라는 말을 하곤 합니다. 그런데 내가 그런 말을 하면서도 그 말에서 모순을 느낍니다. 왜냐하면 정말 모르는 것은 질문조차 할 수 없기 때문입니다. 어지간히 알긴 하는데, 마지막 '2%' 정도만 알면 내가 알고 싶어 하는 것이 무엇인지 확인될 것 같을 때, 그때 하는 것이 질문입니다. 질문, 즉 무언가 묻는 행위는 자신이 묻는 내용의 상당 부분을 이미 알고 있을 때 할 수 있습니다. 어떤 학생이 무언가 질문을 던진다면 그 학생은 자신이 던지는 질문의 내용을 이미 상당 부분 알고 있는 것입니다. 답도 어지간히는 알고 있다는 뜻입니다.

숙제를 하던 아이가 2×3이 뭐냐고, 어떻게 계산하느냐고 엄마에게 질문했습니다. 엄마는 바둑알 두 개씩을 세 묶음으로 만든 뒤 이들을 모두 더한 숫자, 즉 6이라고 설명해 주었습니다. 2×3=6은 2+2+2=6과 같은 내용이라고 알려 준 셈입니다. 그랬더니 아이는 이해했습니다. 이 설명을 이해했다는 것은 이 아이가 2+2+2=6이라는 정도는 이미 알고 있었다는 뜻입니다. 또 아이가 엄마에게 질문했다는 말은 그동안의 경험과 앎에 비추어 엄마는 이 질문에 답을 할 수 있는 분이라고 생각했다는 뜻도 됩니다.

이렇듯 질문이란 질문의 내용이나 대상에 대해 어지간히 알되, 또 묻다 보면 답이 나올 것 같을 때, 기존 자료들을 조합해 새로운 의미를 만들어 줄 아이디어를 찾는 일입니다. 전혀 모르는 것은 질문조차 할 수 없습니다. 믿음도 그러한 믿음이 생겨날 수 있도록 해 주는 앞선 이해가 있어야 생겨나는 것입니다.

2+2+2=6을 모르면 2×3=6도 모릅니다. 물론 억지로 외우면 2×3이 얼마냐는 문제에 6이라고 답을 할 수도 있습니다. 하지만

그렇게 단순히 외워서 답한 아이는 2×6은 얼마냐는 물음에 답하지 못할 것입니다. 나아가 6÷3=2라는 것도 이해할 리 없습니다. 곱하기의 원리를 이해하지 못했기 때문입니다. 더하기의 원리를 알아야 곱하기의 원리를 물을 수 있습니다. 알기에 질문할 수 있는 것입니다. 믿음도 마찬가지입니다. 준비된 사람, 믿을 수 있을 사람이 믿게 됩니다. 그 믿음 속에는 지식, 이해, 공감 등 기존 삶의 경험이 들어 있습니다. 그런 경험에 근거해서 믿음도 생겨납니다.

선물이요 은총이다

'믿음' 하면 종교를 떠올리는 사람이 많습니다. 실제로 믿음이라는 말은 종교에서 흔히 사용됩니다. 앞에서 잠깐 보았지만, 브리태니커 백과사전에는 '믿음(faith)'을 "사람을 지고의 신이나 궁극적인 구원과 연결하는 인간의 내적 태도나 신념 혹은 신뢰"라고 정의하고 있습니다. 종교인들이 믿음이라는 말을 워낙 많이 쓰기 때문에, 사전에도 종교와 관련지어 정의하고 있는 거지요. 사실 브리태니커 백과사전의 'faith'라는 항목은 우리말로는 '믿음'보다는 '신앙(信仰)'이라고 번역하는 것이 좀 더 적절합니다. 신앙에 대해서는 이 책의 뒷부분에서 신뢰, 신념, 신심 등과 함께 따로 설명하도록 하겠습니다.

물론 믿음은 종교 고유 용어가 아닙니다. 믿음은 인간 누구나 경험하는 심리 상태입니다. 어떤 심리 상태일까요? 위키 백과에서의 정의를 다시 한 번 볼까요? "어떠한 가치관, 종교, 사람, 사실 등에 대해 다른 사람의 동의 와 관계없이 확고한 진리로서 받아 들이는 개인적인 심리 상태." 브리 태니커 사전의 정의가 특정 종교, 즉 기독교 문화권을 반영하는 데 비해, 위키 백과의 정의는 좀 더 보편적 정서를 반영한다고 할 수 있습니다. 대상이 '신'이든 어떤 가치이든, 믿음은 그 대상을 확고한 진리로 받아들이 고 있는 내적 상태입니다.

여기서 '받아들인다'고 했는데, 엄밀하게 따지면 믿음은, 일상 적인 것이든 종교적인 것이든, 어느 순간 내 안에 '생기는' 것 입니다. 믿음은 내 맘대로 만들거나 바꿀 수 있는 것이 아니라 어느 순간 자기도 모르는 사이에 주어지는 것입니다. 그래서 믿음은 '선물'입니다. 내가 만들어 내는 것이 아니니, 믿으라고 해서 무조건 믿을 수 있는 것이 아닙니다. "내가 믿는다."라고 말하지만, 그것은 내 안에 주어져 있다는 사실에 대한 확인의 언어입니다.

믿어져야 믿지

어느 순간 '믿어지는' 것이 먼저이지요. 믿어지지 않고서는 믿을 수 없습니다. '믿어진다'는 수동적인 표현에 담겨 있듯이, 믿음은 내가 내 맘대로 만들어 낸 창작품이 아닙니다. 다양한 경험들로 인해 내게 믿음이 생겨나는 것입니다. 내가 만들어 내는 것이 아니니, 믿으라고 해서 무조건 믿을 수 있는 것도 아닙니다. 생겨나는 것이고, 주어지는 것입니다. 그래서 믿음도 선물입니다.

충북 음성에 '꽃동네'라는 종합 사회복지 시설이 있습니다. 그 입구 표지석에 "얻어먹을 수 있는 힘만 있어도 그것은 주님의 은총입니다."라는 글귀가 새겨져 있지요. 내가 먹는 음식도 은총이지만, 그 음식을 먹을 수 있는 힘이 있다는 것 자체가 더 근본적인 은총이라는 말입니다. 그 힘은 내가 만든 것이 아니고, 내게 주어진 것입니다. 기독교에서 모든 것이 하느님의 은총이라고 고백하는 이유도 그와 같습니다.

불교에서도 마찬가지입니다. 일본 불교에 '정토진종'이라는 큰 교단이 있습니다. 여기서는 '나무아미타불'이라는 염불을 중시합니다. 아미타불은 불교의 이상 세계인 정토(淨土)를 주재하는 부처님입니다. '나무아미타불'은 '아미타불에 귀의합니다'라는 뜻이지요. 이 아미타불이 어찌나 자비로우신지, '귀의한다'고 염불하며 믿기만 해도 바로 정토에 태어나게 해 주신다고 합니다. 이때 중요한 것은 염불의 공덕으로 정토에 태어나는 것이기도 하지만, 더 근원적으로는 그렇게 염불하며 믿는 마음 자체가 이미 아미타불의 은혜라는 것이 정토진종의 가르침입니다. 인간의 믿음 자체가 바로 아미타불의 선물이라는 것이지요. 종교의 세계에서는 내가 '하는' 것과 그렇게 '되는' 것은 동전의 양면과 같은 관계에 있습니다. 내가 믿는 것 같지만 뒤집어 보면 나도 모르게 믿어진 것이지요.

물론 주어지는 것이기는 하지만, 받아들이는 행위도 있어야 합니다. 선물도 받아들일 때 비로소 선물이 됩니다. 이를테면 공기는 거저 주어지지만, 우리가 공기를 받아들일 때 비로소 우리에게 선물이 되는 것처럼요. 공기를 너무 조금 들이쉬어 질식하거나 너무 많이 들이마셔 과호흡 증세가 나타날 수도 있습니다. 둘 다 우리가 공기와 제대로 협력하지 못해 벌어지는 일입니다. 공기는 주어진 것이지만, 동시에 적절히 받아들여야 건강하게 살 수 있습니다.

이렇듯 믿음은 나 혼자만의 의지로 이루어지지 않습니다. 자신의 내면이 안팎의 상황에 부응하면서 이루어집니다. 믿음의 주체가 '나'인 것 같고, 대번에 내 마음대로 이룰 수 있는 것 같지만, 사실 믿음은 오랜 시간에 걸쳐 이루어지는 것입니다.

내 계획과 관계없이 어느 틈에 '믿어지게 된 내적 상태'를 한 걸음 물러나 성찰하면서 "나는 믿는다."라고 말할 수 있게 되는 것입니다. "내가 믿는다."라고 말하지만, 사실상 자기도 모르게 변해 있는, 즉 '믿게 된' 자신의 내적 상태를 그렇게 고백하는 것이지요. 믿어져야 믿을 수 있는 것입니다.

'너'가 주체이다

마찬가지로, 일단 믿게 되면 그다음은 믿지 않으려 해도 믿지 않을 수 없습니다. 이제부터는 믿지 말아야 작정해도 내적 상태가 갑자기 바뀌지 않습니다. 믿는 것이 내 마음대로가 아니었듯이, 믿지 않는 것도 내 마음대로 되지 않습니다. 적절한 때에 믿지 않게 될 수 있을 뿐, 아무 때나 내 마음대로 믿음을 버리지 못합니다.

수도자가 수도회에서 탈퇴를 할 수 있고 스님이 환속을 할 수는 있어도, 믿음 자체를 반납할 수는 없습니다. 내 맘대로 생겨난 것이 아니었듯이, 반납도 내 맘대로 되는 것이 아니라는 말입니다. "내가 너를 믿는다."라거나 "부처님을 믿는다."라고 말하지만, 믿음의 주체는 '나'가 아닙니다. 믿음을 내 맘대로 반납할 수 없는 이유는 믿음의 주체가 '너', 즉 믿음의 대상이기 때문입니다. 믿음의 대상이 어느 틈에 나의 일부가 되어 나에게 믿음을 발생시킨 것입니다.

제가 『생각나야 생각하지』라는 책을 낸 적이 있습니다. '생각'이라는 현상이 생각보다 주체적이지 않다는 것을 이런저런 사례를 들어 풀어 쓴 종교철학 에세이입니다. 내가 주체적으로, 정말 내 맘대로 생각을 '한다'기보다는, 나에게 생각이 '떠오르고' 생각이 '나는' 행위가 먼저라는 점을 내내 강조했습니다.

데카르트의 유명한 문장 "나는 생각한다. 그러므로 나는 존재한다."라는 명제도 비판적으로 해설했지요. 데카르트는 참으로 존재하는 것이 '나'이며, 그 '나'는 생각하는 주체라고 강조했지만, 그 '나'는 능동적으로 생각하는 독자적 주체가 되지 못합니다.

우리말에 '생각하다'라는 능동적 동사보다는, 생각이 '나다', 생각이 '떠오르다', 생각이 '들다' 등 수동적인 말들이 더 많은 것도 우리의 현실적 경험을 잘 반영해 줍니다.

그런데 왜 생각이 '나는' 것일까요? 생각이 나려면, 그런 생각이 날 만한 상황에 있어야 하고, 그런 생각의 재료들을 이미 가지고 있어야 하고, 그런 재료들을 경험할 수 있고 적절한 때에 떠올릴 수 있는 능력이 먼저 갖추어져 있어야 합니다. 그럴 때 그런 생각이 '나는' 것입니다.

사랑도 네게서 온다

다른 것도 마찬가지입니다. 예를 들어 우리는 "사랑해."라는 말을 하기도 하고 듣기도 합니다. 영어로 하면 "I love you."입니다. 내가 너를 사랑한다는 것입니다. 사랑이라는 행위의 주체가 '나'인 것처럼 되어 있습니다. 그런데 과연 그럴까요? 내(I)가 사랑의 행위(love)를 맘대로 할 수 있을까요? 사랑의 주체가 '나'라면, 내가 사랑을 마음대로 만들었다 버렸다 할 수 있어야 합니다.

하지만 실제로는 그렇지 않습니다. 사랑은 결코 내가 만들어 내지 못합니다. 네가 내 안으로 들어와 나를 흔들어 놓으며 나의 일부가 되었을 때, 그때 "나는 너를 사랑한다."라고 말하게 되는 것입니다. 사랑은 내가 마음대로 할 수 있는 '동작'이라기보다는, 지금 너와 맺고 있는 하나의 '상태(a state)'입니다. 그러므로 "I love you."라는 말은 네가 내 안에 들어와 나의 일부가 된 상태에 대한 고백입니다.

중요한 것은, 그런 상태는 나 혼자 만든 것이 아니라는 점입니다. 너와의 관계 속에서 이루어진 것입니다.

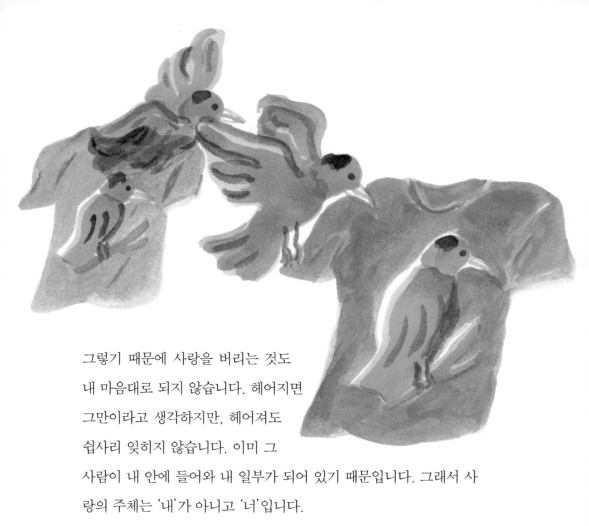

그렇기 때문에 사랑을 버리는 것도
내 마음대로 되지 않습니다. 헤어지면
그만이라고 생각하지만, 헤어져도
쉽사리 잊히지 않습니다. 이미 그
사람이 내 안에 들어와 내 일부가 되어 있기 때문입니다. 그래서 사
랑의 주체는 '내'가 아니고 '너'입니다.

　서른 살가량 된 어떤 여성의 안타까운 사연을 들은 적이 있습니
다. 10여 년 사귀던 남자 친구와 헤어졌답니다. 이유는 종교 때문이
었습니다. 그 여성은 집안 전체가 기독교인이었는데 남자 친구는 어
머니가 절을 세울 정도로 집안 전체가 독실한 불교도였답니다. 종교
문제로 가끔 티격태격하기도 했지만, 그래도 오랫동안 서로 좋아했

고 결혼을 꿈꿨답니다.

그런데 나중에 남자 집안의 불교 의례에 실제로 참여할 생각을 하니 도무지 엄두가 나지 않았답니다. 그래서 고민 끝에 엄마가 결혼을 완강하게 반대해서 어쩔 수 없겠다고 거짓말을 하면서 헤어지자고 했답니다. 괴로웠지만 시간이 지나면 모든 것이 정리되고 새로운 삶을 시작할 수 있으리라고 생각했답니다. 사랑의 감정이 해결될 수 있으리라고 여긴 거지요.

그런데 시간이 갈수록 엄마가 반대한다는 거짓말을 했다는 사실이 맘에 걸렸고, 사랑의 감정은 쉽사리 옅어지지 않았답니다. 불교가 무엇이기에 내가 거짓말까지 하며 헤어지자고 했나 싶어 공부를 해 보았더니, 불교도 좋은 가르침이라는 사실을 느끼게 되었답니다. 상대의 종교에 대한 무지와 오해 때문에 억지로 헤어지게 된 현실을 생각하니 마음이 더 아팠답니다.

이 여성의 사연이 보여 주듯 사랑은 내 맘대로 할 수 있는 것이 아닙니다. 사랑의 관계는 자리를 피한다고 해서 즉시 해소되지 않습니다. 시간이 흐르고 흘러 덜 생각나거나 '잊힐' 수는 있지만, 단기간에 '잊을' 수는 없습니다. 나의 내면을 내 맘대로 순식간에 바꿀 수 없는 것입니다.

믿음도 그렇습니다. 한번 생겨난 믿음이 시간이 흘러 옅어지거나 없어질 수는 있지만, 내가 순식간에 없앨 수는 없습니다. 믿어진 사람은 '이제부터는 믿지 않을래' 작정해도 믿어집니다. 그러고 보면, 인간은 참 보잘것없습니다. 믿는 것도, 믿음을 버리는 것도 제 맘대로 못 하니 말입니다.

믿을 수 있도록 태어난다

이쯤 해서 하나 더 물을 수 있습니다. 관계만으로 믿음이 형성될까요? 앞에서도 살짝 이야기했지만, 관계를 가능하게 해 주는 인간의 '내적 능력'이 없이는 관계도 맺어질 수 없습니다. 상대방을 이해하고 공감하고 수용할 수 있어야 상대방과 관계가 맺어집니다.

언어학자 노암 촘스키에 따르면, 인간은 언어를 배우고 익혀서 사용할 수 있는 능력을 타고 나며, 그러한 능력이 다양한 언어로 바뀌어 나타난다고 합니다. 우리는 언어를 가능하게 해 주는 일종의 '보편적 문법'을 공유하고 있기에 실제로 다양한 문법을 지닌 언어들이 생겨난다는 것입니다. 다양한 언어를 만들어 내는 것이야말로 인간의 창조적 능력이지요. 태어나서 부모가 사용하는 언어를 배우는 것은 배워서 소화할 수 있는 능력이 원래 있기 때문입니다. 갓 난 원숭이를 데려다 애지중지 키운다고 해도 사람과 어지간히 교감은 하겠지만 사람처럼 말하지 못합니다. 그만한 능력이 없기 때문입니다.

믿음도 마찬가지입니다. 부모에 대한, 친구에 대한, 신에 대한, 진리에 대한 어떤 믿음이 생겨날 만한 능력이 인간 안에 주어져 있기에 믿음이 생겨납니다. 인간의 몸이 공기를 호흡하며 살아갈 수 있도록 되어 있고, 엄마 젖을 빨 수 있도록 타고 나는 것처럼 말입니다. 그것이 우리의 타고난 능력, 즉 본능입니다.

철학자 임마누엘 칸트도 비슷하게 생각했습니다. 칸트에 따르면, 어떤 인식이 생겨난다는 것은 그러한 인식이 가능하도록 해 주는 능력과 형식이 인간 안에 주어져 있기 때문입니다. 보통 사람은 적절한 교육을 받으면 5+7이 12라는 것을 압니다. 5, +, 7은 사실상 다른 개념들이지만, 그들을 종합해 12라는 숫자를 탄생시킬 수 있는 능력이 인간 안에 본래 주어져 있다는 겁니다.

마찬가지로 눈으로 보고, 귀로 듣고, 손으로 만지고, 머리로 이해할 수 있는 기본적인 능력이 애당초 준비되어 있기에 외부 사물과 교류하며 다양한 경험이 생기는 것입니다. 너와의 관계가 너에 대한 믿음을 발생시키지만, 너와의 관계가 형성될 수 있는 것은 그렇게 관계를 맺을 수 있고 형성될 수 있는 내적 바탕이 먼저 마련되어 있기에 가능한 일이라는 말입니다.

'믿어짐'이 '믿음'이 되려면

2%를 채우려는 의지

물론 믿는 능력을 타고났다고 해서 믿음이 아무 노력없이 저절로 형성되지는 않습니다. 믿음이 어느 순간 주어지는 것은 사실이지만, 그것으로 완성되는 것도 아닙니다. 주어진 믿음이 구체화되려면, 좀 더 적극적으로 말해 현재 주어져 있는 상태를 구체화하려면 한 가지가 더 필요합니다. 의지입니다. 의지는 어떤 일을 이루려는 마음입니다. 의지에는 언제나 목표가 있게 마련입니다. 그 목표를 이루려 노력한다는 말은 아직 그 목표에 도달하지 못했다는 뜻입니다. 하지만 분명한 것은 어떤 목표에 이르려면 거기에 도달하려는 의지가 있어야 한다는 사실입니다.

믿음 역시 그렇습니다. 믿음은 현재 믿어지고 있는 것, 즉 믿음의 대상이 확고하게 받아들여진 상태입니다. 그런데 어느 틈에 '믿어지게 된' 내적 상태가 의식적인 차원에서까지 확고해지려면, 그 대상을 내 안에 수용하려는 '의지'가 동반되어야 합니다. 그래야 그 대상이 나의 것이 됩니다. 어떤 사실이나 가치를 받아들이려는 의지와 그렇게 받아들여진 상태는 다르지만, 받아들이려 하지 않으면 받아들여지지 않습니다. 믿으려 시도하지 않고서 온전한 믿음에 이를 수 없습니다. 믿으려는 '의지'와 실질적 '믿음' 사이에는 간격이 있습니다. 단순히 "그래 믿을게." 한다고 해서 그 간격이 대번에 없어지는 것은 아닙니다.

그 간극을 메우는 것은 일종의 결단입니다. "나를 믿나요?"라는 잭의 말에 로즈는 "그래요 믿어요!"라며 용기 있게 응답합니다. 그 용기 있는 응답으로 로즈는 잭을 온전히 신뢰하게 되었고, 두 사람이 하나가 되었습니다.

실제로 믿음은 어떤 사람, 사실, 가치, 세계관이 어지간히 이해되고 공감되고 와 닿으면서도 무언가 2%가 부족할 때, 그때 기존의 경험에 근거해 그 방향에 스스로를 내어 맡길 때 형성됩니다. 만나며 사귀다 보니 어느 틈에 신뢰하게 된 친구가 한두 명쯤은 있을 겁니다. 그 친구가 미더워진 과정은 특별히 의식되지 않을 정도로 자연스러울 수도 있습니다. 그러다가 그와의 관계에 대해 성찰할 기회가 주어졌을 때 '정말 믿을 만한 친구!'라며 스스로 인정하면서 '나는 그 친구를 믿어!' 하는 적극적 판단이 서게 됩니다. 그 친구는 이런 상황에 어떻게 행동할지 어느 정도 예상이 되는 친구이지요.

하지만 살다 보면 상황은 변합니다. 그 친구와 관련한 새로운 사실을 알게 될 수도 있고, 나는 나대로 이런저런 경험을 하면서 변화가 생깁니다. 그러던 중 친구와 함께해야 할 아주 중요한 일이 생겼다고 칩시다. 물론 그동안의 경험상 친구가 그 일을 얼마나 잘 해낼 수 있을지 어지간히 예상할 수 있습니다. 하지만 일을 벌이기 직전, 친구가 이 일을 온전히 해낼 수 있을지, 2% 불확실하게 느껴질 수도 있습니다. 그럴 때 그 불확실성만 생각한다면 그 친구와 일을 함께하기 힘들 것입니다. 지금까지 오랫동안 잘 지내 왔는데 지금 느껴지는 2%의 불확실성만을 상상하다가 관계가 틀어지고 헤어지기까지 하는 경우를 종종 봅니다. 처음 만나서 맺어 온 적절한 관계와 이미 내 안에 녹아든 여러 경험들을 간과해서는 안 됩니다.

이때 지금까지 친구와 맺어 온 경험에 비추어 "잘 해낼 수 있을 거야.", "잘될 거야." 하며 용기 있게 일을 함께 시작하면서, 친구에 대한 믿음은 다시 구체화됩니다. 나아가 어떤 결과가 벌어지든 만족하며 감사할 수 있다면 정말 서로 간에 믿는다고 할 수 있지요. 이런 과정을 거치면서 수동적 '믿어짐'이 능동적 '믿음'으로 전환하는 것입니다.

이렇게 믿음에는 지난 경험들에 담긴 의미 혹은 의미 있는 관계를 구체화하려는 의지와 지난 경험에 비추어 2%의 불확실성을 용기 있게 받아들이는 결단이 필요합니다. 경험, 의지, 용기는 믿음의 주요 구성 요소입니다.

가수 이한철이 부른 '슈퍼스타'라는 노래 중에 "괜찮아 잘될 거야, 너에겐 눈부신 미래가 있어, 괜찮아 잘될 거야, 우린 널 믿어 의심치 않아." 하는 가사가 있습니다. 지금까지도 잘해 왔으니 지금은 혼란스럽고 힘들어도 가던 대로 가면 잘 풀릴 거라며 희망과 용기를 주는 내용입니다. 그 말대로 미래를 낙관하며 용감하게 길을 가는 것이지요.

"용감하게 가 보는 거야"

이렇게 용기는, 비록 아직 가 보지는 않았지만, 지금까지의 정황에 비추어 보건대 이 길로 가면 목적지에 도달할 수 있을 것이라고 스스로에게 일깨우는 깊은 내면의 소리에 따르는 것입니다. 온전히 믿기까지 아직은 부족한 2%를 그 용기가 채워 줍니다. 그 순간 믿음의 내용이 단순히 내 밖의 어떤 대상으로 남지 않고 나 자신의 것이 됩니다.

믿게 된 대상과의 간격을 메우는 힘이 용기입니다. 그래서 믿음이 온전해지려면 용기가 필요합니다. 물론 용기가 믿음 자체는 아닙니다. 하지만 믿음의 결정적인 요소입니다. 종교 철학자 폴 틸리히가 신앙을 용기와 모험의 상호 작용으로 파악했던 것도 이와 같습니다.

신앙과 용기는 동일하지 않다. 신앙은 용기 외에 다른 요소를 가졌고, 용기는 신앙을 긍정하는 것 이상의 다른 기능을 한다. 그럼에도 불구하고 용기가 모험을 받아들이는 행위는 신앙의 역학에 속한다.

―폴 틸리히, 『신앙의 다이내믹스』

　믿음은 하늘에서 저절로 뚝 떨어지지 않습니다. 믿음은 마음이 다양한 현상을 경험하며 충분히 움직였으되, 마지막 한 가닥의 방향을 잡지 못하고 있을 때 "그래, 용감하게 가 보는 거야!" 하며 결단하는 용기를 포함합니다. 용감하게 결단할 때, 정말 그 목적지까지 갈 수 있게 됩니다. 가려고 하지 않으면 갈 수 없습니다. 어떤 사람이나 사실이나 가치에 대해 잘 생각해 보고 용감하게 수용할 때 믿음이라는 선물을 받게 되는 것입니다. 이렇게 믿음은 용기와 모험을 동반하는 대단히 역동적인 행위입니다.

● 폴 틸리히(Paul Tillich, 1886~1965)
폴 틸리히는 독일에서 목사의 아들로 태어나 신학과 철학을 공부한 뒤 대학 교수가 되었습니다. 하지만 그 유명한 히틀러가 당시 민족사회주의 노동당의 권력자가 되면서 독일 민족, 그러니까 게르만족의 우월성을 내세우는 정책을 펼쳐 가자 틸리히는 히틀러를 비판했지요. 결국 틸리히는 1933년 미국으로 추방당합니다. 마침 미국의 유니온·신학교에서 틸리히를 초빙했고, 나중에는 하버드 대학, 시카고 대학 등에서 신학과 철학을 강의했습니다.

('인물 작은 사전(127쪽)'에서 이어집니다.)

스님들의 믿음

한국 불교의 주류는 참선으로 부처님과 같은 깨달음을 이루려는 선종(禪宗)입니다. 선종의 사상적 기초를 놓은 고려시대 보조국사 지눌도 종종 이렇게 말했지요. "장부의 용기를 내라."

　무엇을 향한 용기일까요? 바로 내가 평생 추구해 온 진리가 그렇게 추구하는 나의 마음 안에 온전히 갖추어졌다는 사실을 받아들이는 용기입니다. 이런저런 근심 걱정으로 괴로워하는 지금의 마음 상태 그대로 이미 부처와 조금도 다름이 없다는 사실을 용감하게 인정하라는 것입니다. 무언가 부족하고 아쉽고 때로는 괴롭기까지 한데 그 괴로워하는 마음이 부처의 마음과 똑같다는 사실을 받아들이라

● **보조국사 지눌**(普照國師 知訥, 1158~1210)
지눌은 고려시대 스님입니다. 1158년 황해도 서흥에서 태어났지요. 날 때부터 건강이 좋지 않고 병약했던 탓에 약으로 밥을 삼을 지경이었다고 합니다. 그러다가 여덟 살 되던 해 아버지를 따라 절에 가서 기도하다가 출가해 승려가 되겠다는 다짐을 하게 됩니다. 그랬더니 병도 말끔히 나았다고 하지요. 그 뒤 종휘 선사를 스승으로 삼아 머리를 깎고 승려의 길에 들어섰지요.

('인물 작은 사전(129쪽)'에서 이어집니다.)

는 것입니다.

물론 느닷없이 이런 사실이 받아들여지는 것은 아닙니다. 내가 알고 싶고 찾고 싶은 것이 내 마음 안에 고스란히 갖추어져 있다니, 내 마음이 그대로 진리라니, 쉽게 이해되는 말이 아닙니다. 당연히 무슨 뜻인지 이해해 가는 과정이 필요합니다. 그것이 '공부(工夫)'입니다. 귀가 닳도록 듣는 '공부'라는 말은 본래 불교에서 쓰는 말입니다. 참선을 통해 나는 누구인지 온몸으로 성찰하는 과정입니다. 물론 성현들의 가르침에도 귀 기울이고 의미를 따져 보고 이해해 가는 과정도 포함하지요.

공부를 하다 보면 진리는 내 밖에 있는 것이 아니라 내 안에 있다는 사실을 알게 됩니다. 모든 것은 다 마음의 작용이라는 것도 알게 됩니다. 내가 추구하던 모든 것을 내 안에서 온전히 찾게 되는 것입니다. 그 과정 중 마지막 2%가 불확실할 때, 지금까지 공부하고 수행해 온 그 힘과 방향에 자신을 온전히 내어 맡기는 용기가 불교적 공부의 완성입니다. 그 용기 덕분에 깨달음을 이룰 수 있는 든든한 힘을 갖추게 되는 것입니다.

지눌은 이렇게 말합니다.

"만일 마음속을 비추어 보고 뜻을 얻은 후에 믿음의 뿌리를 견고히 하고 용맹스런 마음을 내어 계속 보호해 간다면 무엇인들 이루지 못하겠는가!"

믿음에는 일종의 결단이 들어 있습니다. 그 결단은 그렇게 결단하려는 의지에서 나오는 것입니다. 잘 생각해 보고 정직하게 결단하면 그 결단한 내용이 자신의 것이 됩니다. 지금 당장은 무언가 불확실해도 이 결단의 용기로 '내 마음이 곧 부처'라는 놀라운 구원의 진리가 확실히 증명될 수 있다는 것입니다. 2%의 부족함이 단박에 채워진다는 것이지요. 그렇게 채우는 힘이 믿음입니다. 불교에서의 믿음과 기독교에서의 믿음은 같은 구조를 하고 있습니다.

용기와 모험의 근원

그렇다면 이렇게 모험을 감행하도록 자극하는 용기는 어디에서 올까요? 재미있게도 용기 역시, 의식하든 의식하지 못하든, 생겨날 만한 사람에게, 준비된 이에게 생겨납니다. 용기 역시 아무 상관도 없는 상황에서 무작정 만들어지는 것이 아닙니다. 용기를 일으킬 만한 상황일 때 자기도 모르게 생겨나는 것입니다. 그러니 용기 있게 결단하라는 요청도 어쩌면 적절하지 않을 수 있습니다. 아무 때나 아무에게나 생기는 것이 아니니 말입니다.

'생각이 나야' 생각할 수 있듯이, 용기는 적절한 순간에 그렇게 하지 않으면 안 되도록 마음속에서 솟구쳐 올라옵니다. 제 경험을 이야기해 볼까요?

저는 화학과를 졸업하고 대학원을 종교학과로 진학했습니다. 남다른 선택이었지요. 작은 결단으로 일어난 일이긴 하지만, 돌이켜 보면 그렇게 결단하지 않고서는 배기기 힘든 깊은 소리가 더 커서 그랬던 것 같습니다.

제가 대학 공부를 하던 시절 대학가는 1980년에 일어난 광주민주화운동이 계속되던 때였습니다. 군부 독재에 대한 학생과 시민의 저항으로 대단히 혼란스러웠습니다. 학교와 사회가 어수선하다 보니, 화학 반응에 따라 합성된 분자 구조를 그려 보고 화학 약품과 기자재를 만지는 실험실에서의 공부가 의미 있게 다가오지 않았습니다. 어떻게 사는 것이 옳은지 고민이 많았지요. 제 성격은 본래 밝은 편인데, 그때를 돌이켜 보면 우울한 회색빛 느낌입니다.

그렇게 고민이 계속되던 즈음 마음속에서 강력한 소리를 듣게 되었습니다. 목사가 되어 소외된 이들과 함께하는 방식으로 불의한 시대에 저항하라는 내면의 소리였습니다. 마치 하늘의 요구처럼 느껴졌습니다. 쉽지 않은 길이라 망설여지기도 했고, 다른 길은 없을까 회피하고도 싶었지만, 거부하기 힘들 만치 그 소리에 사로잡혔습니다. "그래 가 보자, 인생을 살면 얼마나 산다고!" 하는 자신감이 더 컸습니다.

대학 2학년 가을 하늘이 한창 푸르던 때였습니다. 일종의 종교 체험이었습니다. 그런 결정 이후의 삶이 구체적으로 어떻게 전개될지 당시로서는 몰랐기에, 일종의 모험이기도 했습니다. 그런데 하지 않아도 되는 모험이 아니라, 할 수밖에 없는 모험이었습니다.

그 뒤 부전공 제도를 이용해 신학 공부를 시작했고, 점차 종교학, 특히 불교학에 매료되어 기독교 신학과 불교 철학을 비교하는 연구를 지금껏 해 오고 있습니다. 신학도 불교 철학도 모두가 다 인간의 깊은 질문과 사색의 결과이지요.

물론 모든 이가 똑같은 경험을 하는 것은 아닙니다. 자신이 자라온 환경과 기존 생각들에 따라 사람마다 다른 방식으로 인생의 방향을 결정짓습니다. 저는 교회 생활을 오래 했기 때문에 기독교의 세계관에 익숙했고, 그런 세계관에 따라 인생의 방향이 결정지어진 셈이지요.

모험의 종류도 사람에 따라 다르고, 그렇게 할 수 있을 사람이 모험을 하게 됩니다. 의지가 믿음의 요소이고 의지는 용기를 동반하지만, 따지고 보면 그 용기와 결단도 복잡한 관계성과 깊은 경험 속에서 어느 순간 그렇게 된다는 것을 절실히 느꼈습니다.

의심의 다이내믹스

믿음은 무언가 이해되지 않는 부분, 그 2%의 공백이 채워지면서 완성됩니다. '2%'라는 은유에는 두 가지 측면이 있습니다. 하나가 '용기'라면, 다른 하나는 '의심'입니다. 이해하고 공감하고 무언가 알 것 같기는 한데 채워지지 않는 2%는 의심으로 나타납니다. 내가 알고 있는 대로 해도 될까, 그게 아닐지 몰라, 잘못 알고 있는 것은 아닐까, 실수하는 것 아닐까 등등 멈칫하며 딱히 결정하지 못하고 있는 상태가 의심입니다.

친구 이야기를 다시 해 봅시다. 가깝게 지낸다고 해서 그 친구의 모든 것을 아는 것은 아닙니다. 따지고 보면 모르는 것이 더 많습니다. "열 길 물속은 알아도 한 길 사람 속은 모른다."라는 속담이 있듯이, 나를 낳아 준 부모는 물론 형제자매라도 그 속생각을 다 알 수는 없으니까요. 다만 지금까지의 경험에 비추어 이렇다 저렇다 예상할 수 있을 뿐입니다. 그 다 알지 못하는 부분이 의심으로 나타나곤 합니다.

하지만 의심은 믿음에 도달하기 위한 필연적인 과정입니다. 믿음의 반대말을 의심이라 여기지만, 사실은 그렇지 않습니다. 의심은 온전한 믿음에 이르기 위한 피할 수 없는 과정이자 믿음의 일부입니다. 믿을 만한 친구가 있다면 생각해 보세요. 그 친구에 대해 다 알지 못해 의심스러워하던 때가 있었을 것입니다. 여전히 그럴지도 모릅니다. 그러나 의심스런 부분에 대한 오해가 풀리면 관계가 더 돈독해집니다.

불교에 '대의현전(大疑現前)'이라는 말이 있습니다. '큰 의심이 내

앞에 솟아오른다'는 뜻입니다. 진리를 깨닫기 전에 큰 의심에 사로
잡힌 상태를 말합니다. 물론, 의심이 남아 있다면 완전히 깨달은 상
태라 할 수 없습니다. 그렇지만 의심은 단순히 깨달음을 방해하는
요소가 아닙니다. 온전히 깨달으려면, 온전한 믿음에 이르려면, 의
심의 과정을 거칠 수밖에 없습니다.

2%가 채워져야 믿음이 된다고 할 때 그 2%는 의심입니다. 의심의 단계를 거쳐 믿음의 단계로 나아가는 것입니다. 의심을 억누른다면 제대로 된 믿음이 생기지 않습니다.

종교에서 의심을 죄악시하는 경우가 있습니다. 이는 좋은 태도가 아닙니다. 무신론을 주장하는 과학자 리처드 도킨스가 『만들어진 신』에서 "아이들에게 의문 없는 신앙이 우월한 가치를 지닌다고 가르치는 대신 자신의 믿음을 통해 질문하고 생각하는 법을 가르친다면, 자살 테러범은 없어질 가능성이 높다."라고 말한 것은 정당해 보입니다.

의심 없이 믿으라고만 하지 말고, 건강하게 묻고 생각하는 시간을 가져야 한다는 것이지요. 그렇게 건강하게 묻고 생각하다 보면 의심이 풀려 없어지기 시작합니다. 그리고 어느 순간에는 "그래, 한번 가 보자." 하며 결정하는 순간이 옵니다. 그때 지금까지 성찰해 온 내용을 용기 있게 받아들이면 의심이 신심으로 바뀌는 것입니다. 의심은 지금까지의 경험에 근거해 용기 있게 결정할 때 극복됩니다. 용감한 결정으로 의심이 극복되고 결단한 내용이 나의 것이 됩니다.

하지만 "믿음은 용기"라는 말을 자칫하면 오해할 수 있습니다. 용기 있는 결단이라 하지만, 그때의 용기가 '막무가내식' 용기를 말하는 것이 아닙니다. 그 용기도 지성, 이해, 공감, 기대 등이 녹아든 건전한 98%의 기반 위에서 이루어지는 용기입니다. 건강한 기반 없는 믿음이 맹신이듯이, 그렇지 않은 용기는 만용입니다. 물론 여기서 98%라는 숫자는, 단순히 양적 의미가 아니라 믿음의 기초를 나타내는 은유입니다. 어지간히 이해되고 대부분 알겠는데, 무언가가 부족해 최종 판단이 서지 않을 때, 지금까지의 내적 경험에 비추어 그 경험을 믿고 경험이 지시하는 방향대로 결정하는 자세가 용기입니다. 그렇게 용기 있게 결정할 때, 의심하던 내용이 믿음으로 바뀝니다. 그것이 믿음의 세계입니다.

있거나 없거나

이렇게 도달된 믿음에 크고 작음, 강함과 약함이 있을까요? 믿음이 2%의 의심이 극복되고 의심하던 내용이 사라진 상태라면, 믿음은 크기와 정도의 문제가 아닙니다. 믿음이 본래 주어진 바탕 위에서 너와 근원적으로 연결되어 있는 상태라면, 믿음은 '많으냐 적으냐'의 문제가 아닙니다. '있느냐 없느냐'의 문제가 됩니다.

　믿음이나 깨달음이 양적인 문제라면, 조금씩 버리거나 조금씩 채울 수 있겠지요. 그러나 믿음이나 깨달음은 양적인 문제가 아니라 질적인 문제입니다. 성경에 "겨자씨 한 알만 한 믿음"이라는 표현이 나옵니다. 제자들이 예수에게 이렇게 요청했지요. "우리에게 믿음을 더하여 주소서." 그런데 예수는 다소 뜻밖의 대답을 합니다.

"여러분께 겨자씨 한 알만 한 믿음이라도 있다면 '이 뽕나무더러 뿌리째 뽑혀서 바다에 그대로 심어져라' 하더라도 그대로 될 것입니다."(누가복음 17장 5~6절)

또 이런 이야기도 있습니다. 선생님처럼 병을 고쳐 주고 싶은데 왜 우리는 그렇게 되지 않느냐며 제자들이 예수에게 묻습니다. 그때도 예수는 '겨자씨 한 알만 한 믿음'이라도 있다면 '이 산더러 여기서 저기로 옮겨져라' 해도 그대로 될 것이라고 대답합니다(마태복음 17장 20절). 중요한 것은 믿음은 산을 옮길 정도로 확실한 내적 상태를 의미한다는 것입니다. 거대한 산마저도 옮길 만한 이 겨자씨 한 알만 한 믿음이라는 것, 그 믿음을 가진다는 것은 무슨 뜻일까요?

겨자씨는 작은 깨 한 톨과 비슷하게 생겼습니다. 씹어 보면 매콤한 겨자 맛이 나지요. 성경에서 겨자씨는 작은 것의 상징입니다. 그 작은 믿음이라도 '있다'면 산도 옮긴다는 것입니다. 그 의미인즉, 믿음이란 조금씩 더해질 수 있는 것, 그러니까 많고 적음의 문제가 아니라, '있느냐 없느냐'의 문제라는 뜻입니다.

믿음이 있으면 못 할 일이 없습니다. 믿음이 약해서 못 하는 것이 아니라 믿음이 없어서 못 하는 것입니다. 믿음이 많아서 어떤 일을 하는 것이 아니라, 믿음이 있어서 어떤 일을 할 수 있는 것입니다. 그래서 예수는 "믿는 자는 못 할 일이 없다."(마가복음 9장 23절)라고 말합니다. 그리고 인도의 '위대한 영혼' 간디는 "믿음은 아무리 해도 움직이지 않는 히말라야와 같다. 어떠한 비바람도 히말라야를 움직일 수는 없다."라고 말합니다.

물론 믿음이 무슨 도깨비방망이와 같다는 뜻은 아닙니다. 믿음은 욕심대로 척척 이루어 주는 마술 램프가 아닙니다. 1등 하게 해 주세요, 부자 되게 해 주세요, 건강하게 해 주세요, 합격시켜 주세요, 그렇게 해 주실 것이라고 믿어요, 이런 식으로 말로만 기도한다고

● **간디**(Mohandas Karamchand Gandhi, 1869~1948)
간디는 인도 민족해방운동의 지도자입니다. 영국에서 변호사 자격증을 따고 법률 관련 일로 남아프리카로 갔는데, 그때부터 인생이 바뀌기 시작했습니다. 남아프리카에 살고 있는 인도인들이 백인에게 차별받는 모습을 목격하고는 인도인의 인권 수호와 인종차별 반대 운동을 펼치게 되지요. 최고의 진리를 내적으로 파악하고 유지하며 비폭력적으로 이어 가는, 이른바 사티야그라하(眞理把持, 진리파지) 운동을 전개해 나갔습니다.

('인물 작은 사전(130쪽)'에서 이어집니다.)

해서 그렇게 되는 것이 아닙니다. 이런 식의 믿음은 개인의 희망일 수는 있지만, 온전한 믿음이라고 할 수는 없습니다. 공부하지 않고서는 1등 할 수 없고, 준비하지 않고서는 부자가 될 수 없습니다. 믿음에도 준비가 필요한 것입니다.

그렇게 준비 끝에 생긴 믿음은 그 대상 혹은 내용과 하나가 된 상태를 의미합니다. 예를 들어 어떤 일이 잘될 것이라고 믿는다면, 믿음 속에서 그 일은 이미 다 이루어진 것이나 다름없습니다. 여전히 의심하고 불안한 이유는 그 대상이 나와 분리되어 있고, 나와 상관없는 존재이기 때문입니다. 간혹 불안을 감추려고 억지로 '믿는다'는 말을 쓰기도 하지만, 제대로 믿는다면 새삼스럽게 믿음이라는 말을 쓸 이유도 없습니다. 이미 나와 하나가 되어 있기 때문이지요.

해답은 물음 속에 있다

이렇게 믿음이란 믿음의 대상과 하나가 된 상태입니다. 예를 들어 신을 믿는다는 말은, 그 신이 나의 내면 깊은 곳에 들어와 나의 일부가 되어 있다는 뜻이고, 나아가 나의 모든 것이라는 뜻입니다. 당연히 나의 모든 것이 신과의 관계성 속에서 이루어집니다. 나와 신이 분리되지 않습니다. 그 신에 대한 믿음 속에서 발견되는 것은 결국은

나 자신입니다.

　이 점에서 믿음은 자신의 가장 깊은 곳으로 들어가는 일입니다. 이 깊은 곳에 진정한 자기 자신이 있는 것입니다. 신을 믿는다는 말은 구름 너머에 사람처럼 생긴 어떤 신적 존재가 나를 내려다보고 있다고 생각하는 정도가 아니라—어렸을 때는 이 정도로 생각하는 경우가 많습니다만—그 신이 내 안에 들어와 있어서 나의 모든 것이 그와의 관계 속에서, 그와 어울리게 움직이고 살아간다는 뜻입니다. 그리고 그 신이 나만이 아니라 우리 모두를 그렇게 살게 하고, 인류를, 나아가 온 생명을 그렇게 살게 하는 분이라고 여기며 사는 것을 의미합니다.

　신에 대한 이러한 이해에 도달하는 것은 간단한 일이 아닙니다. 결국 신에 대한 물음은 '나'에 대해 묻고 이해하고 때로는 의심하다가 나란 어떤 존재인지 깨닫게 되는 과정입니다. 나에 대한 진지한 물음 속에서 나에 대한 믿음이 생겨납니다. 믿음은 나의 인생을 결정짓는 일이며, 그만큼 전존재적인 것입니다. 신을 믿는 것은 나에 대해 묻고 성찰하면서 나를 찾아가는 과정이자, 이미 나를 찾은 상태이기도 합니다.

나는 누구인가 스스로 물으라.
자신의 속 얼굴이 드러나 보일 때까지 묻고 묻고 물어야 한다.

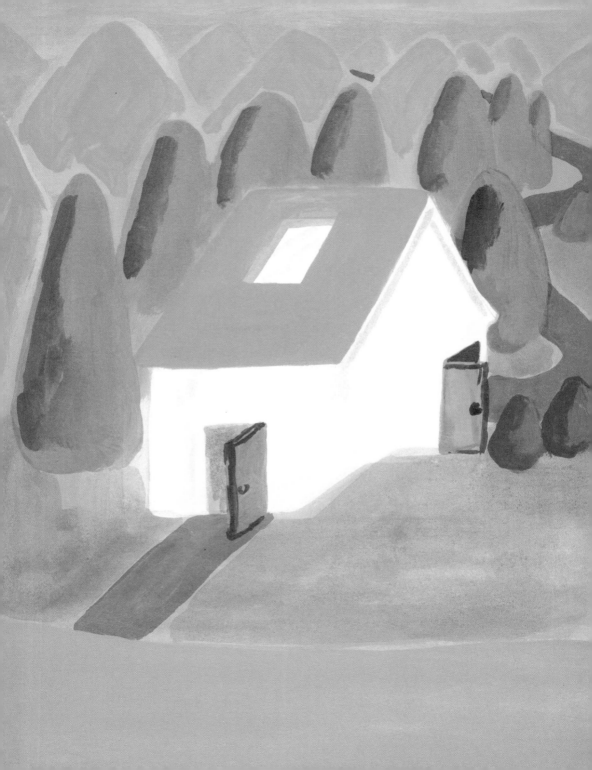

건성으로 묻지 말고 목소리 속의 목소리로

귀 속의 귀에 대고 간절히 물어야 한다.

해답은 그 물음 속에 있다.

— 법정, 『산에는 꽃이 피네』

나는 누구냐는 물음에 대한 답을 얻는다는 말은 진정한 자기 자신을 찾는다는 말일 것입니다. 진정한 자신은 자신 안에 있습니다. 믿음은 결코 믿음의 대상을 저 너머에 남겨 두는 행위가 아닙니다. 그런 식이라면 그것은 진정한 믿음이 아닙니다. 믿고 나서 한참 후에 그 대상을 알게 되는 것이 아니라, 믿는 순간 그 대상은 믿는 그곳에 이미 들어와 있는 것입니다. 기독교의 언어로 바꾸면, 나보다도 먼저 나의 가장 깊은 곳에 들어와 계시는 분이 신임을 발견하는 행위가 믿음입니다.

흰색이냐 검은색이냐

깨달음도 마찬가지입니다. 깨달음 속에 이미 모든 일이 들어 있습니다. 깨달음이 양적인 것이라기보다는 질적인 것이라는 뜻입니다. 그래서 불교, 특히 선불교에서는 깨달음이 '대번에' 이루어진다고 말합니다. 한번 깨닫는 그 순간에 부처가 된다는 것입니다. 조금씩 깨달아서 조금씩 부처가 되는 식이 아닙니다.
대번에 깨쳐서 대번에 부처가 되는 것
입니다. 이 깨달음을 '돈오(頓悟)'
라고 합니다. 깨달음의 내용과 하나가 된
상태입니다.

믿음도 다르지 않습니다. 믿음은 숫자로 셀
수 있는 것이 아닙니다. 겨자씨 한 알만 한 믿음이
있어서 뽕나무 한 그루를 바다에 옮기고, 겨자씨
두 알만 한 믿음이 있어서 뽕나무 두 그루를 옮길
수 있는 것이 아닙니다. 있느냐 없느냐의 문제이기
때문입니다.

아빠가 사업에 실패하는 바람에 가세가 기울었
습니다. 아빠도 엄마도 힘들고 딸도 힘들었습니다. 그때
딸이 이렇게 위로했어요. "저는 힘들지 않아요, 아빠.
힘내세요. 저는 아빠를 믿어요." 아빠에 대한
믿음을 잘 나타내 주는 위로의 말입니다. 아빠
가 힘든 상황을 잘 이겨 나가실 것이고, 혹시
더 어려워진다고 해도 나는 얼마든지 만족하며
살 수 있으니, 그것 때문에 염려하지는 마시라는 마음의
표시입니다. 아빠에 대한 믿음의 표현이기도 하지요.

만일 아빠를 믿기는 하되 조금만 믿는다면, 그것은 사실상 아빠를 믿지 못한다는 말입니다. 사업에 실패한 아빠에게 "나는 아빠를 조금 믿어요."라고 말한다면, 아빠는 그 말에 좌절할지 모릅니다. 조금 믿는다는 말은 전적으로 믿지 못한다는 말이나 다름없기 때문입니다. 조금 깨달았다는 말도 실상은 깨닫지 못했다는 말과 다르지 않습니다. 믿거나 안 믿거나 둘 중의 하나이고, 깨닫거나 깨닫지 못했거나 둘 중의 하나입니다. 그런 점에서 믿음에는 회색이 있을 수 없습니다. 흰색이든 검은색이든 둘 중의 하나입니다. 물론 깨달음도 마찬가지입니다.

이러한 믿음 혹은 깨달음을 다소 감성적 언어로 바꾸어 말하면 사랑이라고도 할 수 있고 자비라고도 할 수 있습니다. 자비(慈悲)는 함께 기뻐해 더 기쁘게 해 주는 '자(慈)'와 함께 슬퍼해 슬픔을 없애 주는 '비(悲)'의 합성어입니다. 부처님 가르침의 핵심이지요. 영어로 하면 compassion, 즉 고난(passion)을 함께한다(com)는 뜻이지요. 'compassion'에 비해 '자비'의 범주가 더 넓지만, 어떻든 남과 나를 함께 보는 경지라는 점에서는 동일합니다.

믿음이 믿음의 대상과 하나 된 상태라면, 믿음은 사랑이고 자비입니다. 신약성경의 상당 부분을 쓴 바울이 "사랑은 모든 것을 덮어 주고, 모든 것을 믿고 모든 것을 바라고 모든 것을 견디어 낸다."(고

린도전서 13장 7절)라고 규정했을 때의 그 사랑이고, 예수가 "아버지 (하느님)께서 자비로우시니 여러분도 자비로우시오."(누가복음 6장 36절)라고 가르치고 행동했을 때의 그 자비입니다. 모두가 그 대상과 하나 되어 있을 때 가능한 행동들입니다.

믿음의 여러 차원

믿음은 기대이다

믿음은 믿음의 대상과 연결된 내적 상태입니다. 어떤 형식으로든 서로가 서로 안에 들어가 있을 때 "나는 너를 믿는다."라고 말할 수 있습니다. 믿는 사람과 믿음의 대상을 분리해 놓은 것은 믿음이 아니지요. 너를 사랑한다면서 나와 무관한 사물 대하듯 하는 태도를 사랑이라고 할 수 없는 것과 같습니다. 너를 사랑한다면 너를 내 '안'에서 만나게 되듯이, 믿는 행위는 그 대상을 이미 내 안으로 가져왔음을 뜻합니다.

좋아하는 연예인 팬클럽에서 활동하다가 연예인을 직접 만나 함께 식사할 기회가 생겼다고 칩시다. 만날 시간이 다가올수록 기대도 커지겠지요. 약속을 잊지 않으려 수첩이나 휴대전화에 메모해 두는 것은 물론, 친구에게 자랑하고 다닙니다. 만남의 순간을 반복해 상상하고, 다른 약속은 꿈도 꾸지 않습니다. 어떤 선물을 준비해야 할까, 코앞에서 보는 얼굴은 어떨까, 무슨 이야기를 어떻게 할까⋯⋯. 기대가 크면 클수록 만남에 대해 구체적으로 상상하게 됩니다. 만나지 못하리라는 생각은 추호도 하지 않습니다. 그 만남은 아직 오지 않은 '미래'인데도 현실에 영향을 줍니다.

　　믿음도 그와 같습니다. 믿음이 그 대상이나 내용과 연결되어 있는 내적 상태라면, 대상이 시간과 공간적으로 멀리 떨어져 있느냐 아니냐는 중요하지 않습니다. 믿음의 내용이 추상적이냐 구체적이냐도 문제되지 않습니다. 내일 만나기로 했어도, 오늘 나의 기대와 상상 속에 충분히 들어와 있기에, 이미 만난 것과 다르지 않습니다. 눈에 보이지 않는다 해도 보이는 어떤 것보다 내게 의미가 더 큰 존재일 수 있습니다. 이런 식으로 좋아하는 연예인을 직접 만나리라는 기대는 이미 내 삶 안에 살아 있는 생생한 실재가 됩니다.

　　가수 김범수의 '약속'이라는 노래에 "돌아온다는 너의 약속 그것만으로 살 수 있어."라는 가사가 있습니다. 네가 돌아오는 것은 미래의 사건이지만, 현재의 삶에 들어와 있는 것이지요. 그런 점에서 미래가 곧 현재인 셈입니다. 그런 기대와 상상 속에서, 좋아하는 그 사람은 이미 만난 것이나 다름없지요.

믿음은 희망이다

믿음이 기대라는 말은 믿음의 대상에 대한 희망을 갖는다는 뜻이기도 합니다. 어떤 사실에 대한 믿음은 그 사실이 어떻게 변해 갈지에 대한 긍정적 기대와도 관련되어 있습니다. 기대한다는 것은 희망을 품는 것입니다. 그런 까닭에 믿음은 희망과 이어질 수밖에 없습니다. 이야기 한 토막 들어 보지요. 『옹달샘은 샘이다』(이현주)라는 책에 나온 이야기를 요약한 것입니다.

아주 오랜 옛날 신과 인간이 평화롭게 살고 있었습니다. 그러던 어느 날 신이 말을 꺼냈습니다. "뭐 재미있는 놀이 없을까?" "숨바꼭질 놀이 어때요? 신께서 숨으시면 저희가 찾는 놀이입니다. 우리가 당신을 찾아내기 전에 숨은 데서 나오시면 안 됩니다." "그래 좋다. 내가 숨으마."
신은 사람들이 찾기 힘든 곳에 몸을 숨겼고, 그렇게 해서 신을 찾기 위한 놀이가 시작되었습니다. 사람들은 여기저기 흩어져 신을 찾아보았지만, 찾지 못했습니다. 높은 산 위에도, 골짜기에도, 바다에도, 숲 속에도 다 가 보았는데 신을 찾을 수 없었습니다.
그러자 사람들은 말했습니다. "아무리 찾아도 찾을 수 없고 끝나지 않는 놀이는 무의미해!" "신께서 다른 곳으로 떠난 것이 아닐까?" "숨바꼭질 때문에 신이 사라졌으니 숨바꼭질 자체를 아예 그만두자." 그러고는 이렇게 외쳤습니다. "저희는 숨바꼭질 그만하겠습니다!" 그런 뒤 더 이상 신을 찾지 않았습니다.
사람들이 신을 찾지 않으면서 전쟁이 생겨났습니다. 군대가 생기고, 무기 장사가 생기고, 자꾸만 전쟁이 났습니다. 세상이 혼란하니 법이 생기고, 법이 생기니 도적이 생기고, 도적이 생기니 세상은 더 혼란스러워졌습니다. 그러자 신은 지금이라도 당장 숨은 데서 나와 자기들 맘대로 놀이를 끝낸 인간들을 혼내 주고 싶었지만, 그럴 수도 없었습니다. 아직 세상에 몇몇 바보들이 있어서 이리저리 신을 찾아 숨바꼭질을 계속하고 있었기 때문입니다.

아직 신을 찾아 숨바꼭질을 하고 있는 이들에 대한 이야기입니다. 그 놀이를 통해 신과의 약속을 지켜 간다는 뜻이 들어 있고, 결국 신을 찾으리라는 희망이 전제된 이야기지요. 종교의 본질이 적절히 설명되어 있다고 할 수 있습니다. 믿음의 희망적 차원을 보려는 우리의 이야기와도 연결됩니다.

철학자 칸트도 종교를 이런 차원에서 설명했습니다. 그는 이성이 무엇인지 비판적으로 검토하면서 이성이 기울이는 관심을 크게 세 가지로 정리했습니다.

(1)무엇을 알 수 있는가.

(2)무엇을 행해야 하는가.

(3)무엇을 바랄 수 있는가.

그리고 (1)의 물음에 답하는 것이 형이상학(철학), (2)의 물음에 답하는 것이 도덕, (3)의 물음에 답하는 것이 종교라고 정의했습니다.

'무엇을 바랄 수 있는가' 즉, 희망의 영역에서 종교의 핵심을 본 것은 굉장한 통찰입니다. 안다는 것, 실천한다는 것은 경우에 따라

쉽게 얻어질 수도 있지만, 희망한다는 것은 끝없는 바람, 끝없는 과제입니다. 희망은 말 그대로 희망이지 현실이 아닙니다. 우리의 바람인 한, 우리의 현실 경험과 어긋납니다. 아무런 걱정 없이 살고 싶은데 그렇게 되지 않습니다. 우리의 현실은 대부분 우리의 희망과 다르게 나타나니까요.

그러나 희망을 품으면 그 희망을 이루려 노력한다는 점에서 희망은 더 이상 미래에만 머물지 않습니다. 우리의 삶 한복판에 있는 것이기도 합니다. 희망은 그저 저 먼 곳에 있는 것이 아닙니다. 희망을 품는 순간 삶 안에 들어와 삶을 움직입니다. 희망은 미래에만 이루어지는 것이 아니라, 현재에 주어져 있으면서 현재를 바꾸는 원동력이 됩니다. 희망을 품고 있으면 그 희망대로 살게 되기 때문입니다.

몰트만은 희망을 중시하는 신학자입니다. 그에 따르면 신앙을 갖는 것은 희망을 갖는 것입니다. 그에게 하느님은 희망의 하느님인 까닭에, 현실의 인간은 하느님을 '소유'하지 못합니다. 희망 안에서 기다릴 뿐입니다. 하지만 기다림을 통해 현실을 극복할 수 있다는 점에서 희망은 단순히 현실 도피가 아닙니다. 아픔으로 둘러싸여 있는 삶의 한계를 피하지 않고, 그 한계를 뛰어넘는 데에 희망의 힘이 있습니다.

몰트만에 따르면 희망은 신앙과 동의어입니다. 반대로 절망이 불신앙이요, 죄입니다. 어떤 일이나 사실을 믿는다는 말은 그 일이나 사실의 의미와 전망 등에 희망을 품는 것입니다. 그래서 믿음은 곧 희망의 영역이기도 한 것입니다.

저는 몇 해 전부터 교도소 재소자들에게 인문학을 강의해 왔습니다. '인권연대'라는 시민 단체에서 주관하는 의미 있는 행사입니다. 생각한다는 것, 믿는다는 것, 깨닫는다는 것 등에 대해 솔직하게 나누었더니, 재소자 여러분들이 진지하게 받아들여 주셨습니다.

강의가 끝나고 줄지어서 나가던 재소자 중 한 사람이 급히 제 손을 부여잡으며 "정말 감사하다."라며 인사한 적이 있습니다. 출소하면 찾아봬도 되겠느냐고 짧게 말하는 표정에서 진심이 읽혔고, 그랬으면 좋겠다고 저도 답을 했습니다. 그분이 언제 출소할지 묻지 못했고, 실제로 저를 찾아올지 어떨지는 잘 모르겠습니다. 그러나 제

● **위르겐 몰트만**(Jürgen Moltmann, 1926~)
몰트만은 독일 출신의 신학자입니다. 생존해 있는 신학자 가운데 학문적 영향력이 아주 큰 분이라고 할 수 있어요. 독일이 제2차 세계대전(1939~1945)을 벌이자, 감수성이 예민한 10대 후반이었던 몰트만은 독일 육군으로 입대합니다. 그러고는 열아홉 살 때 영국에 전쟁 포로로 끌려가지요. 5년간 철창에 갇혀 지내면서 기존 세계관이 무너지는 경험을 하고 기독교 신앙에서 삶의 희망을 찾습니다. 그리고 영국에서 처음으로 신학 공부를 시작하게 되지요.

('인물 작은 사전(132쪽)' 에서 이어집니다.)

강의가 수감 중에서도 삶의 의미를 찾는 근거가 되었으면 좋겠다는 생각이 들었습니다. 그 의미로 인해 수감 생활을 더 건강하게 할 수 있겠기 때문입니다. 그분이 새로운 희망과 자존감을 갖게 되기를 진정으로 바랐습니다.

희망을 갖는 일은 신앙의 핵심입니다. 희망이 있기에 현실이 바뀌는 것입니다. 암울한 것 같은 현실이 암울함으로 끝나지 않는 것은 많은 사람이 포기한 신과의 숨바꼭질 놀이에 신과의 약속을 믿고 지긍스럽게 그 신을 찾는 이들이 있기 때문입니다. 긍정적 희망을 품는 이가 세상을 바꾸어 나갑니다.

현재가 희망이다!

앞에서 2% 부족한 부분을 '의심'이라고 표현한 적이 있지요. 그런데 무언가 의심한다는 말은, 긍정적으로 뒤집어 번역하면, 무언가를 기대한다는 뜻이기도 합니다. 의심의 반대편에는 그렇지 않았으면 좋겠다는 희망과 기대가 있습니다. 그런 점에서 의심과 희망은 동전의 양면과도 같습니다.

이때 희망이라는 말에도 해설이 필요합니다. 우리는 흔히 희망을 미래에 이루어질 일에 대한 긍정적 기대 정도로 해석하는 경향이 있습니다. 오늘은 어둡고 힘들어도 내일은 해가 뜬다는 식으로 기대하는 자세이지요. 이런 식의 기대는 분명히 현재의 어려움에 대한 위로가 됩니다. 그 위로로 어려움을 헤쳐 나갈 힘을 얻을 수도 있습니다.

하지만 근본적 해결책은 되지 못합니다. 내일에 대한 희망을 품더라도, 건강하게 준비하면서 그렇게 해야 합니다. 준비 없이 내일만 생각하다가는, 자칫 현재의 문제를 미래적 보상으로 투사시킨 채 문제 해결을 위한 노력을 기울이지 않을 수도 있습니다. 칼 마르크스가 "종교를 민중의 아편"으로 규정하며 비판한 이유도 그래서입니다. 현재의 어려움을 회피하고는 미래에 주어질 보상에만 기대다가 점점 인간의 주체적 능력이 피폐해져 가는 경우를 종교에서 흔히 볼 수 있었기 때문입니다. 현 상황과 문제를 직시하지 못한 희망은 말 그대로 공염불일 때가 많습니다.

"믿음이 희망"이라고 할 때의 희망이란 그저 미래의 보상에만 기대는 것이 아닙니다. 거기에는 현실의 본질을 꿰뚫어 보아야 한다는 요청이 들어 있습니다. '빙산의 일각'이라는 말이 있지요. 빙산의 본체는 수면 위로 솟은 머리가 아니라, 사실상 수면 아래 거대한 뿌리 부분입니다. '일각'만 보고 빙산을 다 보았다 할 수 없습니다. 우리는 종종 지금 내가 가진 것이 너무 적다는 푸념과 불만을 늘어놓곤 합니다. 그러나 어쩌면 우리는 생각보다 훨씬 많은 것을 가지고 있는지도 모릅니다. 희망은 그저 시간적 미래에 대한 기대만이 아니라, 지금 내게 주어져 있는 훨씬 많은 부분에 대한 통찰을 갖는 것이기도 합니다. 그것이 훨씬 더 중요합니다. 지금 충분히 갖추어져 있지만 보이지 않아 놓쳤던 본질을 볼 수 있어야 합니다. 그것이 종교적 믿음에 담긴 진정한 희망의 영역입니다.

믿음은 관심이다

이제까지 믿음이 어떻게 성립되는지 살펴보았습니다. 지성, 사랑, 의지, 용기, 기대, 희망 등 믿음의 속성에 대해서도 알아보았습니다. 이와 관련하여 이들을 종합하는 개념을 하나 더 정리할 필요가 있습니다. '관심'이라는 말입니다.

관심은 어떤 것에 마음이 끌려 주의를 기울이고 있는 상태를 말합니다. 우리는 여러 가지에 관심을 기울이지요. 성적, 외모, 용돈, 친구, 연예인, 가족 등에 관심을 기울일 테고, 입시, 직업, 명예, 칭찬 등에도 관심이 있을 겁니다. 그러나 그런 관심은 우리가 기울이는 여러 관심 중 일부입니다.

그에 비해 믿음은 좀 더 깊은 의미의 관심입니다. 어떤 것을 믿는다면, 그때의 믿음은 단순히 그 어떤 것에 대한 기질적인 이끌림 정도가 아닙니다.

그 대상을 여러 가지 가운데 하나로 생각하는 정도도 아닙니다. 정말 믿는다면 믿음의 주체와 대상 간에 거리가 없습니다. 그 대상이 내 안으로 들어와 나의 모든 것과 연결되어 있기 때문입니다. 그래서 믿는 바를 위해서는 목숨마저 바치기도 하는 것입니다.

틸리히는 이러한 상태를 'faith'라는 말을 중심으로 설명했습니다. 앞에서도 잠시 나왔습니다만, faith는 우리말로 '신앙'이라 번역되지요. 그는 이 신앙을 '궁극적 관심(ultimate concern)'이라고 풀어 씁니다. 궁극적 관심이라는 말은 전존재적 관심, 즉 나의 모든 것을 다해 기울이는 관심이라는 뜻입니다. 부모가 자식에게 기울이는 관심이나 사랑에 빠진 애인 사이의 관심과도 비슷하지만, 원칙적으로 그 이상입니다. 만일 사랑을 '나의 모든 것이 연결되어 있는 상태'라고 한다면, 궁극적 관심은 사랑의 상태와 아주 비슷합니다. 신앙과 사랑은 상통한다는 뜻입니다.

어찌되었든 신앙은 모든 것을 다 내줄 만큼 깊이 있는 상태입니다. 신 혹은 세상의 존재 원리에 자신의 모든 것을 내어 맡긴 행위이자, 그와 하나가 된 상태라고 할 수 있습니다. 순수한 의미의 사랑이기도 하고, 경외이기도 하고, 헌신이기도 합니다. 어떤 사람을 정말 사랑한다면 그와 모든 것이 연결되어 있듯이, 신앙은 나의 모든 것을 다 기울이고 있는 관심의 상태를 뜻합니다. 그것이 궁극적 관심이라는 말의 의미입니다.

여기서 말하는 '신앙'이 지금까지 이야기한 '믿음'과 별반 차이가 없어 보일지 모르겠습니다. 지금까지 믿음이라는 것을 그 대상과 온전히 하나가 되어 있는 상태로 설명했으니까요. 물론 일상생활에서는 '믿음'을 좀 가볍게 사용하고, 믿음과 신앙을 별 구분 없이 쓰곤 합니다. 신앙 말고도 신념, 신뢰, 신심이라는 말과도 구분하지 않은 채 사용하기도 하지요. 저도 가끔은 믿음, 신앙, 신념을 섞어 쓰기도 합니다. 굳이 구분하지 않아도 될 가벼운 상황일 때는 그렇게 하곤 합니다. 하지만 정확히는 조금씩 다른 의미를 지니고 있습니다. 이제 그 의미를 하나씩 살펴보도록 하겠습니다. 명확한 개념을 알아야 자신이 말하고자 하는 바를 정확하게 전달할 수 있을 테니까요.

믿음과 신앙

여러 차례 말했듯이, 믿음은 어떤 가치나 사실을 확실하게 받아들이고 있는 내적 상태입니다. 신앙도 일종의 내적 상태라는 점에서는 서로 통합니다. 하지만 믿음이 그렇게 받아들이고 있는 가치나 사실에 무게중심을 두고 있다면, 신앙은 그런 가치나 사실을 받아들이게 해 주는 본래적인 능력이나 자질(quality)에 무게중심이 있습니다.

그리고 믿음이 일상에서나 종교에서나 두루 쓰이는 말인데 비해 신앙은 종교적인 차원에서 주로 사용됩니다. 종교적인 차원에서 정의하면, 신앙은 현실에 살면서도 현실의 근원 혹은 현실 너머를 상상하고 지향할 줄 아는 능력이기도 하고, 초월적 신을 느끼게 해 주고 인식하게 해 주는 타고난 자질이기도 합니다.

종교학자 윌프레드 캔트웰 스미스는 신앙(faith)을 현실 안에 있으면서 현실 너머, 즉 초월과 교감할 수 있는 인간의 내적 바탕이나 자질을 의미한다고 정의했습니다. 그런 자질이 있기 때문에 우리가 눈으로 보는 세상이 전부가 아니라 그 너머의 세계가 있을 것이라고 상상할 수 있고, 그에 어울리는 삶을 살기도 하는 것입니다. 그렇게 그 너머 혹은 근원의 세계와 관계를 맺으며 그에 어울리게 살아갈 때 "종교적으로 산다."라고 말합니다. 신앙은 그저 세속적 삶에 머

● **윌프레드 캔트웰 스미스**(Wilfred Cantwell Smith, 1916~2000)
윌프레드 캔트웰 스미스는 캐나다에서 태어나 캐나다와 미국에서 활동한 종교학자입니다. 인간에게는 왜 이렇게 다양한 종교현상이 있는지, 다양한 역사 자료를 통해 그 인간학적 의미를 객관적 자세로 찾아가는 학문을 '종교학'이라고 하지요.

('인물 작은 사전(133쪽)'에서 이어집니다.)

무는 것이 아닌, 세속 너머 또는 근원에 대한 통찰이자 전체 삶으로 응답하는 과정이나 자세입니다.

이에 비해 '믿는' 행위는 좀 더 구체적입니다. 특히 믿음의 대상이 더 구체적으로 있습니다. 친구에 대한 믿음, 선생님에 대한 믿음, 엄마나 아빠에 대한 믿음이라는 말에 잘 담겨 있지요. 민주주의에 대한 믿음, 신에 대한 믿음처럼 광범위하고 추상적일 수도 있지만, 믿음은 대체로 특정한 대상과의 관계에 제한되어 사용되곤 합니다. 그래서 자신이 믿는 내용이 이런 것이라거나 저런 것이라거나 구체적인 말로 표현하기도 합니다.

하지만 신앙은 언어로 표현되기 이전의 좀 더 깊은 차원을 의미합니다. 신앙은 신이든 진리든 삶의 가장 근본이 되는 것과 관계를 맺을 수 있는 능력이나 자질이며, 그에 어울리게 변화된 인간의 전인격적인 상태를 의미합니다.

예수는 "네 마음을 다하고 네 목숨을 다하고 네 정신을 다하여 주 너의 하느님을 사랑하라."(마태복음 22장 37절)라고 말했지요. 마음, 목숨, 정신을 다해서 하느님을 사랑한다는 것은 무엇을 의미할까요? 그것은 단순히 교회에 열심히 나오라는 말이 아닙니다. 인생 최고의 진리에 모든 것을 걸고 그에 합당한 삶을 살라는 뜻입니다. 그렇게 되면 그 사람의 모든 것이 달라지지요. 특히 인격이 달라집니다. 인격에 변화가 없는 신앙은 신앙이 아닙니다.

미국의 신학자 하비 콕스나 마커스 보그가 고대 유대인의 언어를 빌려 faith를 인간의 '심장'에 비유한 것은 적절합니다. 심장이 멈추면 생명이 끝나듯이, 신앙은 인간됨의 근간이기 때문입니다. 어떤 특정한 사실을 믿지 않고도 살 수는 있지만, 우리의 삶 전체가 인간을 인간되게 해 주는 근원—기독교에서는 하느님, 불교에서는 불성, 이슬람에서는 알라, 한자 문화권에서는 도(道) 등으로 부르는—과 어울리지 못한다면 참으로 인간답게 사는 것이 아닙니다.

단순히 특정 종교 단체에 속해야 한다는 뜻이라기보다는, faith의 의미가 그렇듯이, 현실에만 타협하지 않고 우리의 삶 전체가 좀 더 깊고 일관된 인격적 삶을 살아야 한다는 뜻입니다. faith는 우리가 살아가는 삶의 방식 전체와 관련된 자세입니다.

그런 점에서 한자 문화권에서 faith를 단순히 '믿음(信)'이라 번역하지 않고, 믿는 상태(信)와 우러르는 행위(仰)를 모두 포함하는 '신앙(信仰)'으로 번역한 것은 번역의 어려움에도 불구하고 그나마 다행이라 하겠습니다. 신앙은 높은 인격적 신을 믿고 우러르는 행위를 의미합니다. 그것은 우러르는 행위와 그렇게 할 수 있는 타고난 능력을 모두 포함한 말이며, 전인격적 자세와 행위를 뜻합니다. 신앙을 가진다는 말은 어떤 주장들에 동의하는 정도를 넘어, 그 주장이 지시하는 세계에 나의 가장 깊은 차원을 바친다, 혹은 헌신한다는 뜻이고, 그것을 충분히 사랑한다는 뜻입니다.

오늘날은 교회에서도 신앙이라는 말을 어떤 명제나 선언을 받아들이는 것 정도로 여기지만, 본래 신앙은 그 어떤 대상에 나의 삶 전체를 바치는 자세입니다. 신앙은 전적인 사랑이기도 하고 헌신이기도 하고 변화이기도 하고 경외이기도 합니다. 신앙은 문자로 된 교리를 믿는 정도가 아니라, 교리와 신조가 가리키는 세계, 기독교적으로 말하면 하느님의 세계에 충성하는 것입니다. 신을 자신의 삶의 중심에 모시는 것입니다. 나의 모든 삶이 바로 그 진리의 세계와 긴밀히 연결되어 있거나 하나가 되어 있기 때문이지요.

구체적인 자세, 신념과 신봉

신앙의 특정한 형태 중 하나가 'belief'입니다. 이것을 '믿음'으로 번역하기도 합니다. 그런데 우리말에서의 믿음은 영어 belief보다 광범위하게 사용됩니다. 그래서 belief는 '신념(信念)'이라 번역하는 것이 나을 때가 많습니다. 신념은 믿음〔信〕과 생각〔念〕을 합한 말입니다. 신념의 '념(念)'은 어떤 사실이나 사건을 마음에 품는 행위를 뜻합니다. 따라서 신념은 어떤 사실이나 사건에 대한 자신의 생각이 옳다고 마음으로 믿고 품는 행위를 말하지요. 영어 belief도 대체로 그런 의미로 사용됩니다.

그런 점에서 신념(belief)은 인간의 타고난 능력인 신앙(faith)의 구체적 표현 중 하나입니다. 앞에서 보았듯이, 신앙은 인간 삶의 가장 근본이 되는 것과 관계를 맺을 수 있는 능력이나 자질이며, 그에 어울리게 변화된 인간의 전인격적인 상태입니다. 다소 광범위하고 어찌 보면 추상적이지요.

그에 비해 신념은 어떤 사실이나 가르침을 인정하고 받아들이는, 아주 구체적인 자세입니다. 그래서 "나는 사회주의에 대한 신념이 있다."라는 말은 괜찮지만, "신에 대한 신념이 있다."라고 말하면 어색하게 느껴지는 것입니다. 또 "이길 수 있다는 신념을 가져라."라는 말에서처럼, 신념은 '이것이 옳다', '반드시 그렇게 되리라'는 단정이고 기대입니다. 신념 역시 현실 너머를 상상할 수 있게 해 주는 인간의 타고난 능력의 구체적 표현입니다. 어떤 신념을 가지고 있느냐로 그의 내적 신앙의 상태를 구체적으로 알 수 있는 것입니다.

'신봉(信奉)'도 구체적이라는 점에서는 신념과 비슷하지만, 신념이 내적 자세를 의미한다면 신봉은 믿고〔信〕 받드는〔奉〕, 밖으로 드러나는 행위를 의미합니다. "나는 민주주의를 신봉한다."라는 말에서처럼, 신봉은 어떤 사상이나 학설, 교리를 믿고 '받드는' 외적 행위를 뜻합니다. 때로는 어떤 사람, 이를테면 어떤 종교의 교주를 신봉하기도 합니다. 교주의 가르침대로 행동한다는 뜻이지요.

신뢰와 공동체

비슷한 신념 혹은 공동의 믿음을 가진 이들 사이의 관계가 튼실해질 때, 그 튼실한 관계성을 영어로 'trust'라 합니다. 우리말로는 '신뢰(信賴)'라 번역하지요. 신뢰의 뜻풀이를 해 보면 믿고〔信〕 의지하는〔賴〕 자세 또는 행위입니다. 신뢰는 나와 비슷한 차원의 존재 사이에서 일어나는 일입니다. 그래서 '신을 신뢰한다'는 말보다는 '친구를 신뢰한다'는 말이 더 자연스럽지요.

「타이타닉」의 잭이 로즈에게 "나를 믿나요?(Do you trust me?)"라고 물었을 때, 정말 궁금하거나 몰라서 묻는 질문이라기보다는, 이미 형성된 관계망을 확인하기 위한 말이라고 할 수 있습니다. 이들은 사실상 신뢰하는 관계인 것입니다.

신념은 신뢰라고 하는 사회적 관계망으로 이어집니다. 내가 친구에게 돈을 빌릴 때는 반드시 갚는다고 생각하고 빌리는 것입니다. 빌려 주는 친구도 내가 약속을 지킬 것이라고 생각하기에 빌려 줍니다. 그리고 때가 되면 돈을 갚습니다. 그렇게 약속이 지켜질 때 서로 더 신뢰하게 됩니다.

공자는 한 제자가 평생 실천할 수 있는 한마디의 가르침을 달라고 하자 "자기가 싫어하는 것은 남에게 하지 말라."(『논어』 안연편)라는 문장으로 답을 했습니다. 예수는 "남에게서 바라는 대로 남에게 해 주어라."(마태복음 7장 12절)라고 말했고, 원불교의 창시자인 소태산은 "다른 사람의 은혜를 받고자 하거든 내가 먼저 은혜를 베풀라." (『대종경』 요훈품 14장)라고 가르쳤습니다. 이런 가르침에는 모두 남을 나와 같은 차원에서 볼 줄 알아야 한다는 뜻이 담겨 있습니다.

서로가 서로를 자기 자신처럼 생각할 때 친구 간에, 가족 간에, 이웃 간에 '신뢰'라는 관계망이 형성됩니다. 이 관계망이 계속 이어진다면 신뢰의 사회가 되는 것이겠지요. 간디는 이렇게 말했습니다. "나는 신뢰를 믿는다. 신뢰는 신뢰를 낳는다. (…) 신뢰하며 사는 사람은 결코 세상에서 길을 잃지 않는다."

종교는 이런 관계망을 적절히 이루고 활용합니다. 예를 들어 종교인들은 예배나 예불 혹은 법회 같은 종교 의례를 합니다. 종교 의례

● **소태산 박중빈**(少太山 朴重彬, 1891~1943)
소태산은 한국에서 생겨난 원불교의 창시자 박중빈의 호입니다. 소태산은 종교적 감수성이 예민했나 봅니다. 어려서부터 세상 돌아가는 이치를 알고 싶어 기도도 하고 치성도 드리고 이런저런 현자들도 만나 배우며 정진했답니다. 그렇게 26세 되던 1916년 4월 28일, 갑자기 정신이 맑아지면서 그동안의 의문이 한꺼번에 풀리게 되었답니다.

('인물 작은 사전(135쪽)' 에서 이어집니다.)

는 내적 신앙을 확인하고 그 신앙의
원천을 기억하는 일입니다. 신
앙을 언어로 표현한 경전을
읽고 그 압축적인 뜻인
교리 혹은 가르침들을
되새기며 노래와 기도
를 하기도 합니다. 그
러면서 교리에 대한
신념을 갖는 이들도
생기고 공동체도 형성
됩니다. 공동체는 신뢰의
관계가 있어야 가능합니다.
공동체에 속한 이들이 신앙에
기반을 둔 신뢰의 관계를 종교 의례
를 통해 확인하는 것입니다.

신실한 천도교인들이 인간 존중의 가르침, 즉 "사람
마다 하늘을 모시고 있으니〔侍天主〕" "사람이 곧 하늘〔人乃天〕"
이라는 수운(최제우)과 의암(손병희)의 가르침을 실천하면서
공동체가 형성 및 확장되고, 그런 행위를 통해 사람들도
천도교인들의 신뢰 관계를 알 수 있게 됩니다. 또한

기쁨을 함께해 키워 주고[慈] 슬픔을 함께 해 줄어 주는[悲] 자비의 행동을 통해 사람들은 불교적 실천이란 이런 것이구나 알게 되고, 불교적 가르침에 대한 신뢰도 생겨납니다.

그뿐만 아니라, 좀 더 관심 있게 보면, 자비라는 불교의 가르침과 사랑이라는 기독교의 가르침은 다르지 않다는 사실도 알게 됩니다. 스님의 모습이나 신부님 또는 목사님의 복장이 다르고, 절과 교회의 모습이 다르고, 언어 표현들이 달라 보이니까, 불교와 기독교는 완전히 다르다고 생각하기 쉽지요. 하지만 사랑과 자비로 사람들 사이에 신뢰의 관계를 이루려는 모습을 보면 실제로 이들은 많이 비슷합니다. 겉으로만 보면 종교들은 서로 다른 것 같지만, 사랑과 자비를 실천하는 모습, 그리고 그렇게 살라고 요청하는 종교인의 내면은 아주 비슷합니다. 겉으로 드러난 다른 모습들보다는 그 다양성을 낳은 인간의 공통된 내면을 이해하는 것이 중요합니다. 이렇게 서로를 이해하는 사람들이 많아지면서 종교 간 평화, 그리고 사회의 평화도 이루어지게 됩니다.

신심, 마음이 곧 믿음

한자 문화권에서는 '신심(信心)'이라는 말을 사용합니다. 신심은 말 그대로 '믿는 마음'입니다. 이때 믿음과 마음의

처럼 되어 있지만, 정말로 '믿는 마음'이라면 그때 믿음과 마음은 분리되지 않습니다. 정말 믿는 마음이라면 한쪽에서는 믿고 다른 쪽에서는 의심할 수 없겠지요. 마음 전체가 믿음이어야 합니다. 믿음과 마음 사이에는 간격이 없습니다. 믿음이 그대로 마음이고, 마음이 그대로 믿음입니다. 겉으로는 믿는다면서 속으로는 다른 마음을 품는다면, 신심이 아닙니다. 그 어떤 대상에 대해 나의 마음이 통일되어 있을 때, 그때가 진짜 신심입니다.

이에 대해서는 유명한 불교 문헌인 『대승기신론』에서 잘 설명하고 있습니다. 대승기신론은 "대승(大乘, 최고의 진리)에 대한 믿음을 일으키도록 하기 위해 쓴 글"이라는 뜻인데, 그때의 '대승'은 다른 것이 아니라 우리의 '마음'입니다. 중요한 것은 인간의 마음 안에 다 들어 있다는 것이지요. 우리의 마음이 부처의 마음과 한 치도 다름없다는 놀라운 진리를 잘 풀어 담아 놓았으니, 열심히 읽고 잘 생각해 실제로 그 길로 들어서라는 것입니다.

마음 안에 다 들어 있습니다. 이를 아주 잘 보여 주는 원효의 이야기가 있지요. 원효가 당나라로 유학을 가던 어느날 밤에 폭우가 쏟아져 쉴 겸 토굴에서 잠을 청했습니다. 잠결에 목이 말라 옆에 있던 웅덩이의 물을 손으로 떠 아주 달게 먹고 다시 잠들었는데, 아침에 눈뜨고 보니 그 물이 시체가 썩어서 고인 물이었던 겁니다. 그러자 갑자기 속이 메스꺼워지면서 구역질이 났지요. 그리고 이런 깨달음을 얻습니다. "일체유심조(一切唯心造)!", "모든 것은 마음이 만들어 낸다."라는 뜻입니다.

　똑같은 물인데 어떤 때는 달콤하다가 어떤 때는 토할 만큼 메스껍기도 합니다. 물이 달라졌기 때문이 아니라 마음이 달라졌기 때문입니다. 모든 것은 마음이 그렇게 만들어 낸 일이라는 것이지요. 원효는 이런 진리를 깨닫고는 당나라 유학을 포기하고 신라로 돌아와 학문과 포교에 힘쓰게 됩니다.

　원효의 깨달음에 따르면, 모든 것은 마음의 작용입니다. 믿는 행위, 믿음의 대상이나 내용 등등도 역시 마음의 표현입니다. 기쁨과 슬픔, 집착과 버림 모두 마음의 작용입니다. 내가 추구하는 진리가 다른 데 있는 것이 아니라 바로 마음 안에 다 갖추어져 있습니다. 무

● **원효**(元曉, 617~686)
원효는 신라시대 스님이자, 한국 역사상 최고의 사상가로 꼽히는 분입니다. 원효는 신라에 불교가 전해진 지 100여 년쯤 뒤에 태어났습니다. 아직은 불교의 가르침이 낯설던 시절이었을 텐데, 그 시절 원효가 이루어 놓은 불교학 연구는 지금 보아도 놀라울 정도예요. 요즘 책처럼 두툼하지는 않고 다 남아 있는 것도 아니지만, 모두 240여 권의 저술을 남긴 것으로 알려져 있어요. 그 내용도 모두 심오하지요.

('인물 작은 사전(136쪽)'에서 이어집니다.)

언가를 믿는 행위도 당연히 마음의 작용입니다. 믿음의 대상도 주체도 마음입니다. '신심'이라고 할 때 '신'과 '심'은 분리되는 것이 아니라, 믿음이 곧 마음이고 마음이 곧 믿음입니다.

물론 이때의 마음은 단순히 육체와 분리된 심리 현상만을 뜻하지 않습니다. 불교의 차원에서 보면 마음은 인간의 진정한 주체를 의미합니다. 불교에서 특히 마음을 중시하지만, 그저 심리적 느낌이 중요하다는 뜻이 아닙니다. 진리를 내 밖에서가 아니라 내 안에서 찾아야 한다는 뜻이며, 내 안에서 찾아야 진정한 진리라는 사실을 강조하고 있는 것이지요.

신행, 실천이 곧 믿음

물론 믿음도 일종의 심리 상태이기 때문에 시간이 지나면 사라질 수도 있습니다. 그래서 믿음을 유지하려면 노력이 필요합니다. 이를 '수행'이라고 합니다. 불교에 '돈오점수(頓悟漸修)'라는 말이 있습니다. 대번에 깨닫고〔頓悟〕 점차적인 수행〔漸修〕으로 이어 가야 한다는 말입니다.

믿음도 마찬가지입니다. 믿음은 그에 어울리는 실천으로 나타나야 합니다. 그래서 '신행(信行)'이라는 말을 합니다. 신행은 '믿음의 행위' 또는 '믿음과 행위'라는 뜻입니다. 어떻든 '믿음'과 '행위'는 나눌 수 없으며, 온전한 믿음이라면 행동도 그에 어울리게 나타납니다. 그래서 믿음은 실천이기도 합니다. 말로 하든 행동으로 하든 내적인 믿음은 외적 행위로 표현됩니다. 어느 순간 믿음이 생겼다고 모든 것이 완성되는 것이 아닙니다. 믿음, 즉 그 어떤 대상과의 온전한 관계가 유지되려면 지속적인 실천이 필요합니다.

그래서 종교에서는 신 혹은 진리에 대한 믿음을 지키고 깊게 하기 위해, 기도나 명상 등 끝없는 수행을 합니다. 믿음과 마음이 그렇듯이, 믿음과 행위 역시 동전의 양면과 같습니다. 믿음 없는 행위는 가식이고, 행위 없는 믿음은 공허합니다. 언제나 '행위와 함께하는 믿음'이어야 합니다. 행위 역시 믿음이라는 내면 상태에 어울릴 때 진실성이 인정됩니다. 믿음과 행위는 분리되지 않습니다. 제대로 된 믿음이라면 행위가 함께 오기 마련이고, 누가 봐도 멋진 행위 속에는 자신이 실천하는 일에 대한 믿음이 들어 있기 마련입니다.

이렇게 믿음은 실천으로 나타나며, 그 실천은 믿음의 대상 또는 내용과 어울리는 삶입니다. 너를 믿는다면 너에 어울리는 삶으로 나타나야 하고, 신을 믿는다면 신의 섭리에 부응하는 삶이어야 합니다. 진리를 믿는다면 그 진리의 구체적인 모습을 살아 낼 때에야 제대로 된 믿음이라고 할 수 있습니다. 너를 믿는다면서 행동은 너를 아프게 한다면 너에 대한 믿음이 아닙니다.

내적으로 진리를 구하는 자세와 외적으로 진리를 실천하는 자세는 하나입니다. '상구보리하화중생(上求菩提下化衆生)'이라는 말이 있습니다. 위로는 깨달음을 구하고, 아래로는 중생을 교화한다는 뜻입니다. 혼자서 내적 만족만을 추구하지 않고 이웃과 더불어 나누며 사는 일을 뜻하지요. 이것이 진리를 추구하는 구도자의 길입니다. 마찬가지입니다. 내적 믿음은 외적 행위로 드러날 때에만 진정한 믿음이라고 할 수 있습니다. 그런 점에서 믿는다는 것은 그대로 실천하는 것입니다. 믿음과 실천이 모순되면 그것은 믿음도 실천도 아닙니다.

신을 믿는다는 것

'예수 믿으면 천당 간다'라는 말

지금까지 본대로, 온전한 믿음은 어떤 가치나 사실을 확실하게 받아들이고 있는 내적 상태이자, 적절한 이해, 건강한 지성, 희망적 기대, 용감한 결단 등이 종합적으로 만들어 낸 사건입니다. 그런데 이런 과정을 생략한 채 믿음을 무조건적 맹목처럼 여기는 경우도 제법 있습니다. 특히 다른 종교나 사상을 인정하지 않는 배타적 종교인이나 이념만을 내세우는 사람들이 이런 잘못을 종종 저지릅니다. 이들은 믿음을 인간의 전체적인 자세로서보다는 어떤 특정한 명제를 받아들이는 태도로 여기곤 하지요. 납득이 되지 않아 잘 받아들이지 못하면, 믿음이 없는 죄인이라고 쉽사리 규정하곤 합니다. 여기에는 무슨 문제점이 있을까요?

앞에서 강조했듯이 온전한 믿음을 위해서는 비유컨대 98% 정도는 준비가 되어야 합니다. 알고 이해하고 때로는 의심하기도 하면서 98%가 만들어지는 것이지요. 그런데 98%가 아니라 2%만 갖추어 놓고는 나머지를 자의적인 자기 결단만으로 채우려 해서는 안 됩니다.

앞에서도 살짝 보았지만, 예를 들어 일부 길거리 전도자들이 "예수를 믿으라."고 요구하는 모습을 종종 볼 수 있습니다. "예수 믿으면 천당간다."라고도 합니다. 그 애타는 마음이야 충분히 이해가 됩니다. 그런데 문제는 '예수를 믿는다'는 게 간단치 않다는 데 있습니다. 예수를 믿을 수 있으려면 먼저 예수가 어떤 사람인지 알아야 합니다. 예수가 왜 그리스도라고 불렸는지 그 역사적 배경, 성경이 쓰이던 당시의 정치적 상황, 종교적 의미 등등을 종합적으로 이해해야 합니다. 그리고 제일 중요한 것은 예수처럼, 아니면 비슷하게라도 사는 것입니다. 그래야 예수를 믿는다고 말할 자격이 있습니다. 믿는다는 것은 그 대상과 하나가 되는 것이니까요.

'천당에 간다'는 말에 대한 건강한 이해도 필요합니다. 예수 믿으면 천당에 간다고 하지만, 정작 예수는 천당을 별로 추구하지 않았습니다. 성경에 내세(來世)가 나오기는 하지만 거기에도 역사성이 있습니다. 시대에 따라 내세의 모습도 달라졌다는 말입니다. 천당마저 역사의 산물이라고나 할까요. 이렇게 이해하고 나면 천당이 단순한 믿음의 대상만은 아니라는 사실을 알 수 있습니다. 천당 역시 이해를 필요로 하는 개념입니다. 게다가 성경에 등장하는 내세는 오늘날 길거리 전도자들이 상상하는 천당 개념과 똑같지도 않습니다.

사실 '천당(天堂)'은 불교적 용어입니다. 아미타부처님이 계시는 깨끗한 땅, 즉 정토(淨土)를 대신하는 말로 신라시대 원효 이래 세

간에서 써 온 말이지요. 그러다가 기독교가 한국에 소개되면서 영어 'heaven'이 불교 용어인 천당으로 번역되었고, 그 뒤 기독교 고유의 말처럼 쓰이고 있습니다.

게다가 이런 세계관은 하늘이 평평한 천장처럼 생겼다고 생각하던 시절에 형성되었습니다. 그런데 오늘날 천문학에 따르면 우주는 거의 무한하며, 지구는 우주에서 한 점 먼지만도 못하게 작습니다. 지구에서 빛의 속도로 날아가도 우주 끝에 이르려면, 끝이 있는지도 현재로서는 잘 모르지만, 몇백 억 년은 걸린다고 합니다. 그 정도로 우주는 큽니다. 그런데 이렇게 우주 전체로 보면 존재감도 없을 지구 위에 어떤 천장 같은 별도의 공간이 있는 것처럼 내세우고는 그것을 믿어야 한다고만 주장하면 도리어 설득력이 떨어지지 않을까요? 어떤 현대인이 그런 주장을 문자 그대로 받아들일 수 있을까요?

저도 죽고 나면 어떻게 될지 관심이 많아 여러 종교에서 말하는 내세관에 대해 에세이나 논문으로 정리해 보기도 했습니다. 앞으로 자세한 이야기를 나눌 수 있는 기회가 오기를 바라지만, 요약하면 몸의 죽음이 끝은 아니라는 것입니다. 말로 쉽사리 규정할 수 없을 새로운 차원이 열리리라고 생각합니다. 특정 종교 단체 소속 여부가 내세를 결정짓는 기준은 아니라고 생각합니다. 내세는 단순히 현실의 좋은 것을 투사해 놓은, 현실의 연장도 아닐 것입니다. 우리가 내

세를 직접 경험할 수는 없지만, 그렇다고 해서 아무런 이해 없이 무턱대고 믿어야 할 대상도 아닙니다. 내세에 대한 진지한 성찰 없이 그저 예수 믿으면 천당 간다고만 주장한다면, 그런 일방적 주장 때문에 도리어 사람들이 기독교로부터 멀어질 수 있다는 것입니다.

맹신, 도킨스의 비판

종교에서 말하는 믿음이 무엇인지, 무엇을 어떻게 믿어야 한다는 것인지, 98% 정도는 건강하게 이해하고 있어야 합니다. 2%만 갖추고는 그것을 온전한 믿음으로 착각해서는 안 됩니다. 더 이해하려고 하지 않고 자신만의 결정을 확고부동한 상태라고 우기는 행위를 맹목적 믿음, 즉 '맹신(盲信)'이라고 합니다. 종교나 이념에 사로잡힌 사람들 중에 맹신자가 적지 않지요. 그들은 믿음을 98%의 적절한 지성적 이해에 기반을 둔 2%의 도약으로 보지 않고, 그 반대로 여기지요. 자신의 믿음을 그저 최종적 결론이라고 생각합니다.

앞에서 잠깐 얘기했습니다만, 영국의 사회생물학자 리처드 도킨스는 현재 세계 무신론 운동을 이끌고 있는 인물입니다. 그가 주장하는 무신론은 널리 알려진 책 『만들어진 신』이나 『이기적 유전자』에 잘 나타나 있습니다. 특히 『만들어진 신』은 과학적 입장에서 무신론을 전개한 책입니다. 원제목은 'The God Delusion'인데, delusion은

'망상'이라는 뜻입니다. 망상이란 '논리적으로 어긋나거나 모순된 다는 증거가 있는데도 잘못된 믿음이나 지각이 계속되는 상태'를 말합니다. 그러니까 도킨스는 기독교적 믿음의 대상인 신이 일종의 해로운 망상의 산물이라 주장하는 것입니다.

도킨스는 종교적 믿음을 유아적이고 비이성적인 망상으로, 신을 전염성이 있는 악성 바이러스처럼 여깁니다. 그 바이러스에 감염되면 지적 능력이 왜곡되고 무엇에 홀린 것처럼 정신을 못 차리게 된다고 노골적으로 비판하지요. 증거도 없이 신앙의 이름으로 쉽게 받아들이는 행위를 '악'이라고까지 주장합니다. 그러면서 "신은 없을 테니, 염려 말고 인생이나 즐겨라!(There is probably no God, So stop worrying and enjoy your life.)"라는 홍보성 광고물을 버스에 붙이기도 하고, 세계무신론자연맹을 이끌기도 합니다. 물론 예전에도 포이어바흐나 마르크스 같은 유명한 무신론적 사상가들이 많았고 여전히 많습니다. 그렇다면 탁월한 학자들이 왜 그런 주장을 할까요?

물론 도킨스의 신에 대한 이해나 종교 또는 신앙에 대한 이해에도 문제가 있습니다. 무엇보다 그는 신 혹은 신앙에 대해 다소 편협한 전제를 가지고 논의하는 경향이 있습니다. 그럼에도 불구하고 도킨스가 탁월한 과학자인 것은 틀림없어 보입니다.

역량 있는 과학자가 극렬한 무신론자가 된 데에는 기독교 같은 유신론적 종교 전통에 속한 이들의 책임도 큽니다. 믿음은 이해를 넘어서는 것이라는 명분하에 많은 종교인이 신과 믿음에 대한 충분한 논의를 거절해 오다 보니, 유능한 과학자가 보기에는 상당수 종교인의 신에 대한 이해가 아주 낮은 상태에 머물고 있는 것으로 여겨졌기 때문입니다. 기존 종교인이 '2%'와 '98%'를 뒤바꾼 데 대한 반작용이라고도 할 수 있습니다.

신이 의심스러운 시대, 초자연적 유신론

실제로 종교인 중에는 신을 구름 너머 어떤 특정한 공간 안에 머무는 할아버지 비슷한 이미지로 상상하는 이가 많습니다. 이런 입장을 '초자연적 유신론'이라 합니다. 신이 자연 '밖'에 있다고 믿으며, 그 '밖'에 있는 신을 향해 기도하고 찬양하며 예배를 드립니다.

실제로 보이지 않는 신을 상상하는 제일 흔하고 초보적인 방법은 신을 인간과 비슷한 모습으로 상상하는 일입니다. 그리고 인간처럼 생긴 신이 초월적 존재라고 인정하는 길은 신이 구름 위에, 저 높은 하늘에 있다고 믿는 것입니다. 그렇게 상상하다 보니, 신을 생각할 때면 내 밖, 저 위를 향합니다. '여기'에 있지 않으니, 이때의 신은 알려지거나 경험되기보다는, 억지로라도 믿어야 할 존재입니다.

그러다 보니 인간 모습을 한, 공간 안의 제한적 존재가 어떻게 여러 사람의 다양한 요구를 만족시켜 줄지 한편에서는 의심하기도 합니다. 축구 경기에 참여한 두 팀이 모두 시합에서 이기게 해 달라고 기도하면 신은 어느 편을 들어야 할까요? 말로는 신이 모든 곳에 계시다면서 실제로는 자기편인 것처럼 생각할 때가 많습니다. 하늘에 계신 인간 모습의 어떤 존재가 지상에 무슨 전파 같은 것을 보내는 방식으로 모든 인간과 관계를 맺는 것이라고 상상합니다.

신을 그런 존재로 믿다 보니, '구원'도 죽고 나서 구름 너머 높은 곳의 어떤 공간, 즉 '천당'으로 들어가는 것처럼 상상합니다. '지금 여기'에서의 나의 변화로 나타나는 구원이 아니라, '언젠가 다른 때'에 이루어질 구원을 주로 이야기하지요. 구원이라는 이름으로 하늘에 계신 어떤 분이 나를 하늘 위로 끌어올려 주는 상상을 합니다.

그런데 이제는 이러한 모든 것이 의심되는 시대가 되었습니다. 이전과는 생각하는 방식이나 세계관이 달라졌습니다. 요즘 학교에서는 원자나 분자, 전자, 쿼크 등 물질의 최소 단위에 대해 배우고, 인간의 정신까지 물질로 환원해 설명합니다. 그런데 신만 비물질적인 존재로만 상상하고 고집하다 보니 그런 신이 과연 존재하기나 할까 의심을 사기도 합니다. 학교와 사회에서는 무한한 우주에 대해 배우는데 교회에서는 신이 천장 너머 어떤 특정한 공간에 머무는 것처럼 상상합니다. 삼라만상이 신의 피조물이라면서 신이 없는 공간을 훨씬 더 많이 만들어 놓습니다. 그러다 보니 교회 밖의 사람들은 우주 밖 저 멀리에 있는 신이 먼지만도 못하게 작은 지구, 또 그 속에서 먼지만도 못하게 작은 개인의 삶에 관심을 기울일까 의구심을 품기도 합니다.

오늘날 많은 사람이 무신론자가 된 것은 세계가 변하고 세계를 설명하는 언어가 달라졌는데, 교회에서는 천당에 계신 신은 영원 불변하다며 옛날 언어를 고집하기 때문입니다. 이 시대에 어울리는 신관(신에 대한 이해)을 세우려 하지 않은 채, 정말 근원적인 문제를 해결하려 하지 않은 채, 믿을 수 없는 이유가 많고 납득이 되지 않는 상황들이 계속되는데도 그저 믿으라고 요구해 왔기 때문입니다.

그래서 현대인들은 기존 신관을 의심하고 교회를 떠나거나 교회에는 참석하더라도 영 만족스럽지 못한 생활을 하고 있습니다. 역사 인물로서의 예수 연구가로 유명한 마커스 보그도 젊은 시절 초자연

● **마커스 보그**(Marcus J. Borg, 1942~)
마커스 보그는 스웨덴계 미국인 성서학자입니다. 역사적으로 예수는 어떤 사람이었는지에 대해 정력적으로 연구 결과를 내놓고 있는 세계적인 연구자이죠. 쉬우면서 학문적 양심에 솔직한 글로, 기독교 신앙이 유치한 데 머물지 않고 지성적으로 성숙해질 수 있도록 노력하고 있습니다.

('인물 작은 사전(138쪽)' 에서 이어집니다.)

적 유신론을 가졌다가 그것으로는 더 이상 세계와 신앙을 설명할 수 없어 회의와 절망에 빠졌다고 합니다. 그러다가 '범재신론적 신앙'을 알게 되면서 비로소 다시 신앙생활을 제대로 할 수 있게 되었다고 고백하고 있습니다. 범재신론에 대해서는 뒤에서 자세히 설명하겠습니다.

신이 하나라는 말, 일신론

신에 대한 이해는 신을 구체적인 인간 형상처럼 상상하는 데서 시작됩니다. 신화적으로 묘사할 때도 인간 형상 비슷하게 그리는 경향이 있지요. 하지만 좀 더 깊이 들어갈 필요가 있습니다. 실제로 좀 더 깊은 차원을 볼 줄 아는 종교인들은 신에 대해 달리 말합니다. 거기서 신은 어떤 형상 안에 제한되지 않습니다. 공간 안에 제한되지도 않습니다. 한마디로 신은 모든 곳에 있습니다. "있지 않은 곳이 없다.", 즉 무소부재(無所不在)하다고 하지요. 신이 모든 곳에 있다는 말이 신이 '하나', 즉 유일신이라는 말의 핵심입니다. 신이 하나라는 말은 단순히 여러 가지 것 중의 하나라는 뜻이 아닙니다. 그것은 '전체'를 의미하는 말입니다. 동양의 고전인 『장자』에 이런 말이 있습니다.

지극히 큰 것은 밖이 없으니 그것을 '큰 하나'라고 한다. 지극히 작은 것은 안이 없으니 그것을 '작은 하나'라고 한다. 두께가 없어 쌓을 수 없이 작은 것도 (작은 하나의 입장에서 보면) 천 리 크기가 되고, (큰 하나의 입장에서 보면) 하늘과 땅도 낮고 산과 호수도 평평하다.

—『장자』「잡편」천하

"지극히 큰 것은 밖이 없다."라는 구절이야말로 '신이 하나'라는 말을 잘 설명해 줍니다. 만약 밖이 있다면 그것보다 더 큰 것이 있다는 뜻입니다. 밖이 없을 만큼 크다는 것은 '전체'라는 뜻입니다. 그것이 진정한 '하나'입니다. 그리스 기하학자들도 전체의 상징으로 그리스어 숫자 '모노(하나)'라는 말을 빌려 썼습니다. 당연히 신이 '하나'라는 말은 신이 모든 곳에 계시는 분이라는 뜻입니다. 하나는 전체입니다.

우리말도 비슷합니다. 우리말 '하나'는 '흔'에서 나온 말이고, 그 '흔'에는 크다, 하나, 전체, 하늘, 빛, 규정할 수 없음 등 다양한 의미가 들어 있습니다. 개신교에서 주로 쓰는 '하나님'이나 가톨릭에서 주로 쓰는 '하느님'은 같은 어원에서 나온 말입니다. 가끔 '하나님'이 맞는다, 아니 '하느님'이 맞는다며 논쟁하는 이들도 있는데, 유치한 논쟁입니다. 신은 '있지 않은 곳이 없기' 때문입니다. '하나'라는 말이나 '하늘'이라는 말에도 갇히지 않습니다. 그것이 '신이 하나'라는 말의 뜻입니다.

신이 모든 곳에 계시니, 이 말 그대로 신을 모든 곳에서 본다면 도대체 싸울 일이 없습니다. 그런데 특정한 곳에서만 신을 보니까 다른 곳에는 신이 없다 생각하고, 나아가 자기만 신을 본다거나 자기만 옳다고 주장하다가, 급기야 전쟁까지 벌어지게 되는 것입니다.

종교전쟁이 일어나는 중요한 이유 중의 하나가 바로 신관에 대한 오해, '하나'라는 말을 그저 숫자로만 오해하기 때문이라고도 할 수 있습니다. 이 '하나'는 여러 가지 것 중에 일부로서의 하나가 아니라, 전체를 의미합니다. 하느님이든 하나님이든 그 신이 모든 곳에 계신다고 볼 줄 알 때, 나 자신도 성숙해집니다.

없는 곳이 없다, 범재신론

신이 모든 곳에 계신다는 말은 신을 어디에나 계시는 '영(the Spirit)'으로 인식하고 체험하는 것이기도 합니다. 그리고 어디에나 계시다는 말은 우리의 제한적 인식을 초월하는 분이라는 뜻이기도 합니다. 하느님은 '바로 여기에 계시지만' 그렇게 인식된 분이 하느님의 모든 것은 아니라는, 즉, 우리의 인식을 넘어서는 분이라는 입장을 '범재신론(凡在神論, panentheism)'이라고 합니다.

범재신론은 모든 것(pan)이 신(theos) 안에 있다(en)는 사상(ism)

입니다. 모든 것이 신 안에 있으니 그 신은 모든 것의 근원이 됩니다. 비유하자면 신은 자연법칙과도 같습니다. 사람들은 바람에 나뭇가지가 흔들리고 시시각각 구름의 이동 모습을 관찰하고서 모든 것은 자연법칙에 따른다고 말하지만, 그렇게 관찰하고 말하는 사람의 눈과 귀까지도 자연법칙에 따릅니다.

"뛰어 보았자 부처님 손바닥"이라는 속담이 있습니다. 모든 것은 부처님 안에서 이루어진다는 불교 격언입니다. 자연법칙도 그와 같습니다. 자연법칙 안에서 이루어지지 않는 행위가 없습니다. 자연을 파괴하는 행위조차도 자연법칙 안에서 이루어집니다. 그래서 자연법칙은 인간의 관찰 대상이기 이전에 그렇게 관찰하는 주체라고 하는 것입니다.

마찬가지로 신은 경험의 대상이기도 하지만, 그런 경험을 가능하게 해 주는 주체이기도 합니다. 경험의 대상은 일부나마 말로 표현해 볼 수 있겠지만, 경험의 주체이기에 그 말 안에 다 담을 수가 없습니다. 그래서 아우구스티누스도 신의 경험은 말로 할 수 없다고 말하고 있습니다. 『도덕경』에서는 "말할 수 있는 도(道)는 영원한 도가 아니라." 하고 있고, 마르틴 부버라는 유대교 신학자는 "신은 이름으로 불릴 수 없고, 오직 탄성이 있을 뿐이다."라고 말했습니다. 눈에 보이고 귀에 들리는 대상이 아니라, 도리어 그렇게 보고 듣는 주체에 가까운 분이기 때문입니다.

나의 심층, 나 자신은 언어로 대상화될 수 없습니다. 나의 심층인 신은 그래서 '초월적'입니다. 신은 '바로 여기에 계신 저 너머'의 존재입니다. 여기서 말하는 신을 그저 조상신이나 민담에 나오는 귀신 정도의 존재로 생각하지는 말기 바랍니다.

"삼라만상이 신 안에 계신다."라는 범재신론적 주장은 성경에서도 발견됩니다. "모든 것은 그분에게서 나오고 그분으로 말미암고 그분을 위하여 있습니다."(로마서 11장 36절)라는 구절에서 엿볼 수 있지요. 그러나 과거에는 그런 입장을 이해하고 펼친 이가 많지는 않았습니다. 하지만 시대가 변한 오늘날에는 더욱더 많은 사람에게 설득력을 얻어 가고 있습니다.

범재신론에서는 나의 마음도 너의 생각도 모두 신 안에서 이루어지는 일이고, 들꽃도 하늘의 별도 내리는 빗물도 모두 신 안에서 이루어진다고 봅니다. 이런 입장은 오늘날 생태학적 관심사를 설명해 주기도 합니다. 신을 구름 너머 특별한 공간에 있는 인간 모습의 어떤 존재처럼 상상하는 데서 머물지 않고, 내 안에 계신 분으로 만나야 합니다. 내 옆에 계신 분, 네 안에 계신 분, 나무 한 그루에도 계신 분, 기쁨과 슬픔 안에도 계시는 분으로 만나는 것입니다.

신을 믿는다는 것은 이렇게 모든 곳에서 신을 볼 줄 아는 것입니다. 사람만이 아니라 사물도 존중할 줄 알고, 웅장한 성당만이 아니라 꽃 한 송이에 경탄할 줄 알고, 쌀 한 톨에서 우주를 볼 줄 아는 것입니다. 슬플 때는 슬픔을 극복할 힘을 발견하고, 어려움 속에서 희망을 품는 것입니다. 불의한 일에 저항할 용기를 내는 일이고, 열심히 살되 나만을 위해서가 아니라 모두를 생각하며 나눌 줄 아는 자세로 사는 것입니다. 그 모든 곳에 신이 있기 때문입니다.

오늘날 믿음이 낯선 이유

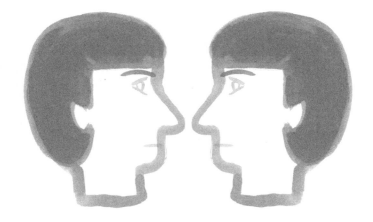

이제까지 '믿는다는 것'에 대해 이야기했습니다. 종교에 대해 이야기하려는 것이 당초 목적은 아니었지만, 종교 이야기가 빠질 수 없었습니다. 많은 사람이 '믿음' 하면 종교, 특히 기독교를 연상하기에, 뒷부분에는 기독교에서 신을 믿는다는 것에 대한 이야기를 했습니다. 그러다 보니 종교 언어에 익숙하지 않은 이들이 읽기에는 조금 어려웠을지도 모르겠습니다.

'신을 믿는다'는 것이 무엇인지 정직하게 이야기하기 어려운 이유는 신에 대한 언어에 익숙하지 않은 시대이기 때문입니다. 요즘은 대체로 하늘 높은 곳 어딘가에 신이 있다고 생각하는 견해를 낯설어합니다. 하지만 과거에는 하늘에 있는 신에 대해 이야기하며 사는 것이 자연스러웠습니다. 신은 사람들의 삶에 하나의 문화로 자리 잡고 있었습니다. 믿음이라는 말도 그런 세계관 속에서, 그런 신과의 관련성 속에서 자연스럽게 형성되어 오랫동안 사용되어 왔습니다.

하지만 현대인은 그런 신의 존재를 의심합니다. 어딘가에 신이 있다는 생각이 현대인에게는 어색합니다. 아니 상당수가 믿지 않습니다. 그것이 오늘날의 문화입니다. 그런데 이런 신과의 관계에서 형성된 믿음 또는 신앙이라는 것에 대해 말하려니 불편해지는 것이지요.

요즘은 현실 '너머'의 세계에 대한 관심이 사라지고 진리를 현실 안에서, 더 좁히면 인간 안에서 찾는 시대입니다. 이것을 세속화(secularization) 시대라고 합니다. 긍정적으로 표현하면 인간 중심의 시대라고도 할 수 있습니다. 그런데 인간이 중시되면서 개인주의도 팽배해졌습니다. '우리'의 삶보다는 '나'의 삶이 중요하게 받아들여집니다. '나'를 우선하면서 '너'와의 사이에 거리가 생겼습니다. 너를 믿는 것도 생각만큼 간단치 않습니다. 관계와 연대보다는 개인성과 이기성이 더 강한 사회이기 때문입니다.

'믿음'이 일상 언어이면서도 실제 삶에서는 경험하기 힘든 이유도 여기에 있습니다. 실제로 "나는 정말 믿는가?" 하고 스스로 물어보면, 그렇게 생각하거나 기대하기는 하지만, "믿는다."라고까지 확실하게 말하기는 쉽지 않습니다. 오늘날 우리에게 믿음은 우리의 실제 삶과 거리가 있는 태도가 되었습니다.

특히 한국에서는 오랫동안, 초월의 세계에 대한 믿음을 갖는다는 개념이 별로 없었고, 또 그런 말을 쓰는 것이 어색한 유교 문화권이다 보니 더 그렇게 느낍니다. 유교 문화권에서 믿음은 하늘에 대한 믿음이 아니라 사람에 대한 믿음이었고, 그것은 사람과 사람 사이의 예의 혹은 올바른 관계를 의미했습니다. "부모와 자식 간에는 친함이 있어야 한다(父子有親)."라고 할 때의 '친함'이나, "친구 사이에는 신의가 있어야 한다(朋友有信)."라고 할 때의 '신의'와 비슷한 자세입니다. 억지로 받아들여야 하는 일이 아니라, 당연하고 자연스러운 개념이고 자세였지요. 결코 어떤 결단을 통해 나와 연결해야 하는 인위적인 것이 아니었습니다.

사실 서양에서도 비슷했습니다. 근대 이전 서양 세계에서 영어 faith(신앙, 믿음)에 해당하는 라틴어 fides는 '신'과 같은 어떤 실체가 있는지 없는지 따져 보고 머릿속으로 인정하는 행위가 아니었습니다. '신'은 문화 전반에 녹아 있는 최상위의 실재로서, 사람들의 대화 속에 늘 전제된 보편 개념이었습니다. '신을 믿는다'는 말을 굳이 하지 않아도 그냥 신에 대해 이야기하는 것이 자연스러운 사회였지요. 그 시대에 진정한 fides란 자신과 이웃과 사회, 나아가 우주 전반에 어울리는 '삶'이었습니다. 그때 fides는 어떤 교리를 머리로 인식하고 인정하는 행위가 아니라, 사랑, 헌신, 경외 등 전인격적인 자세이자 행위였습니다.

하지만 이런 fides를 현대 사회에서는 다른 뉘앙스로 받아들입니다. 오늘날 '믿음' 하면 대체로 종교를 떠올리며, 결단을 통해 이루어야 하는 다소 부담스러운 행위로 여깁니다. 이런 모순을 어떻게 극복해야 할까요?

나를 믿는다?

이를 위해서는 '초자연적 유신론'의 세계관에서 '범재신론'의 세계관으로 바꿀 필요가 있습니다. 범재신론은 '모든 것을 신 안에서 보는 자세'입니다. 물론 굳이 '신'이라는 말을 쓰지 않아도 됩니다. 존재하는 모든 개체 생명은 거대한 생명 안에서 살아 움직인다는 식으로 표현해도 상관없습니다. 범재신론에서의 신은, 모든 것이 자연 법칙 안에 있고 자연을 파괴하는 행위조차도 자연 안에서 이루어진다고 할 때의 그 자연법칙과도 같습니다. '나'도 '너'도 '풀 한 포기'도 다 자연법칙 안에서 살아 움직입니다.

요즘은 신을 믿기보다는 '나를 믿는', 이른바 '나신교'인들이 많습니다만, '나를 믿는다'는 말이 나의 이기적 욕망만을 채우겠다는 뜻은 아닐 것입니다. 그 진정한 뜻은 작은 나를 넘어서고 이기적 나를 극복할 능력이 내 안에 들어 있음을 인정하는 것이라고 풀 수 있습니다. 나아가 그런 능력을 나만이 아니라 우리 모두에게 어울리게 구체화하며 살아가겠다는 다짐이라고도 할 수 있습니다. 신을 믿지 않고 인간을 믿는다는 말이 가능하려면, 말 그대로 정말 인간 중심적이어야 합니다. 나를 중시하는 만큼 남도 중시하고, 나를 위하는 만큼 남도 위해야 합니다. 그럴 때 인간을 믿는다는 말도, 나를 믿는다는 말도 가능합니다.

　"살아 있는 것은 모두 다 불성을 지닌다."는 불교적 세계관은 여기에서 더 나아갑니다. 모든 것에 불성이 있다면서 어찌 다른 것을 함부로 죽이고 억누를 수 있겠습니까? 모든 것에 불성이 있다면, 풀 한 포기에서도 나 이상의 가치를 볼 수 있습니다. 이 모든 것은 나를 나 되게 해 주는 근원을 긍정하고서야 가능한 일입니다.

　신을 믿든, 나를 믿든, 자연 법칙을 믿든, 믿음 없는 삶은 불가능합니다. 내가 생명 법칙에 따라 움직이듯이 다른 친구도 마찬가지입니다. 한 송이 꽃에도 우주가 담겨 있다는 시각으로 나, 너, 사회, 우주에 어울리는 삶을 살아야 합니다. 그것이 종교적인 삶이고 인간적인 삶입니다. 그럴 때는 굳이 믿음이라는 말을 쓰지 않아도 될 것입니다.

이미 상대방과의 전인적 관계 속에서 살아가기에 억지로 믿음이라는 말을 쓰지 않아도 되는 사회가 멋진 사회입니다. 인위적 믿음을 넘어선 자연스러운 믿음, 그것이 진짜 믿음입니다. 내가 소중하듯이 엄마나 아빠도 소중하고 선생님도 소중하고 꽃 한 송이도 소중합니다. 친구의 미소 때문에 기쁘고 친구의 슬픔 때문에 내 마음도 아픕니다. 이렇게 만물을 소중하게 여기며 사는 것이 멋진 믿음의 세계입니다.

나의 능력을 제대로 믿고, 모든 것을 존중하면서 그렇게 서로를 살리는 능력을 제대로 펼쳐 나갔으면 좋겠습니다.

인물 작은 사전

● **안셀무스**(Anselmus, 1033~1109)

이탈리아에서 태어난 안셀무스는 그저 성직자나 종교 지도자이기만 했던 것이 아니라 서양 중세시대를 대표하는 사상가이기도 했어요. 그의 사상은 신에 대한 합리적 이해를 추구하는 데 초점이 맞추어져 있었지요. 당시는 문화적으로 신 자체가 부정되는 시대는 아니었습니다. 신에 대한 신앙이 전제되었기에, 오히려 신의 존재를 포함해 신 자체를 따지고 규명하기 힘든 사회였지요.

그래도 건강한 학자들은 신에 대한 믿음 외에 지성도 갖추려고 애썼어요. 예를 들어 아우구스티누스(354~430) 같은 위대한 학자들은 이렇게 생각했지요.

"주여 당신의 오묘함을 통찰하려 하지 않겠습니다. 아무래도 나의 지성이 그것을 알기에는 불충분하다고 생각하기 때문입니다. 마음으로부터 사랑하는 당신의 진리를 어느 정도 이해하기를 바랄 뿐입니다. 믿기 위해 알려 하지 않고 알기 위해 믿기 때문입니다. 또 믿지 않는다면 알 수도 없다는 것을 믿고 있기 때문입니다." (아우구스티누스, 『고백록』)

이 고백의 요지는 신에 대한 믿음을 토대로 신에 대한 앎을 추구한다는 것입니다. 안셀무스는 이런 정신적 유산을 충실히 이어받으면서 그의 책 『모놀로기온』에서 이성을 통해 신의 본질을 찾으려 했고, 『프로슬로기온』에서는 신의 존재를 증명하려고 했습니다. 예를 들어 이런 식이에요.

1. 신은 그 이상으로 큰 것이 생각될 수 없는 존재이다.
2. 그러나 그 이상 큰 것이 생각될 수 없는 것은 정신, 즉 관념 안에만이 아니라 정신 밖에도 존재하지 않으면 안 된다.

3. 그러므로 신은 관념, 즉 정신 안에만이 아니라 정신 밖에도 존재한다.

이런 증명 방식이 다소 어렵거나 공허하게 느껴지나요? 당시는 어떤 사물에 대한 앎은 그 사물의 본질에 연결된다고 생각하던 시절입니다. 인간의 관념은 그 관념의 대상에 연결되고, 관념적 논리만으로도 존재를 증명할 수 있다고 생각했어요. 요즘과는 사고방식이 다소 다르지요. 그래도 훌륭한 학자들은 신앙과 이해, 믿음과 앎을 분리하지 않고 조화시키려 애썼습니다. 그런데 요즘 종교인 중에는 건강한 이해보다 신앙이나 믿음만을 내세우려는 사람들이 있습니다. 안셀무스가 염려한 대로, 그러다가 자칫 맹목적 믿음에 빠지고 말지요. 믿음은 건강한 앎에서 생겨나는 것이랍니다.

● 폴 틸리히(Paul Tillich, 1886~1965)

폴 틸리히는 독일에서 목사의 아들로 태어나 신학과 철학을 공부한 뒤 대학 교수가 되었습니다. 하지만 그 유명한 히틀러가 당시 민족사회주의 노동당의 권력자가 되면서 독일 민족, 그러니까 게르만족의 우월성을 내세우는 정책을 펼쳐 가자 틸리히는 히틀러를 비판했지요. 결국 틸리히는 1933년 미국으로 추방당합니다. 마침 미국의 유니온 신학교에서 틸리히를 초빙했고, 나중에는 하버드 대학, 시카고 대학 등에서 신학과 철학을 강의했습니다.

틸리히가 20세기 기독교 신학계와 종교철학계에 끼친 영향은 아주 큽니다. 특히 틸리히가 신앙을 "궁극적 관심"이라고 내린 정의는 오늘날까지 종교학계에서 두루 쓰입니다.

틸리히는 "신은 존재한다."라는 말은 "신은 존재하지 않는다."라는 말이나 다를 바 없는 우상 숭배적 발언이라고 말합니다. 무슨 뜻일까요? 신이 있다거나 없다거나 하며 논쟁하는 경우를 종종 볼 수 있지요. 그런데 잘 생각해 보면 신이 있다는 말이나 없다는 말이나 똑같은 수준이라는 것입니다. '있다'는 말은 '없다'는 말에 대해 상대적인 개념인데, 신을 그런 상대적인 영역에 떨어뜨리는 일이 신을 유한한 형상 안에 가두어 두는 우상 숭배와 마찬가지라는 겁니다.

상대(相對)는 '서로〔相〕 마주한다〔對〕'라는 뜻입니다. 서로 마주함으로써만 자기 정체성이 확인되는 존재에게 쓰이는 말이지요. 예를 들어 부모는 자식을 마주함으로써만 부모이고, 자식은 부모를 마주함으로써만 자식입니다. 부모 없는 자식, 자식 없는 부모가 어디 있나요. 마찬가지로 학생은 선생을 마주함으로써만 학생이고, 선생 역시 학생을 마주함으로써만 선생이에요. 남자는 여자를 마주할 때 남자이고 여자 역시 마찬가지입니다.

이런 식으로 모든 것은 서로 마주함으로써만 존재하는, 상대적 존재들이에요. '있다' 역시 '없다'에 대한 상대적 개념이고, '없다'도 '있다'에 대한 상대적 개념입니다. 따라서 신이 '있다'는 말이나 '없다'는 말이나 모두 신을 상대적 차원에 둔 논쟁이라는 것이죠. 신을 상대적 존재로 만들어 버리면 안 된다는 것이 틸리히의 지론입니다.

신을 자기편으로 만들려고 애쓰는 행위는 신의 속성에 어울리는 행위가 아니라, 그저 자기를 정당화하려는 이기적 욕망의 표현일 뿐입니다. 신은 상대성의 차원을 넘어섭니다. 그래서 신은 마주하고 있는 것〔對〕을 끊은〔絶〕, '절대자(絶對者)'라고 말하는 겁니다. 신이 우리 안에만 존재한다고 배타적으로 주장하는 것이 도리어 신의 속성에 어울리지 않는다는 사실을 알 수 있겠지요?

● **보조국사 지눌**(普照國師 知訥, 1158~1210)

지눌은 고려시대 스님입니다. 1158년 황해도 서흥에서 태어났지요. 날 때부터 건강이 좋지 않고 병약했던 탓에 약으로 밥을 삼을 지경이었다고 합니다. 그러다가 여덟 살 되던 해 아버지를 따라 절에 가서 기도하다가 출가해 승려가 되겠다는 다짐을 하게 됩니다. 그랬더니 병도 말끔히 나았다고 하지요. 그 뒤 종휘 선사를 스승으로 삼아 머리를 깎고 승려의 길에 들어섰지요.

스물다섯 살에는 국가가 주관하는 선종 승려 자격시험에 합격해 승려로 성공할 수 있는 탄탄대로에 들어섰습니다. 임금의 절을 받고, 온 백성이 우러러 보는 국가적 스승인 왕사(王師) 또는 국사(國師)에까지 이를 수 있는 길이었지요.

그러나 지눌은 고민했습니다. 과연 그것이 승려 본연의 길일까 의심했던 거지요. 지눌이 살던 당시는 무신의 난으로 정치가 혼란하고 불교 종파의 대립이 심했습니다. 겉으로는 승려 복장을 하고 사회적으로 높은 위치에 있다고 해도, 세속적인 부에 집착하고 정치권력과 한통속이 되어 개인의 명예를 드높이는 행위가 되지 않을까 염려했습니다. 그래서 지눌은 그 길을 포기하고 자신과 뜻을 같이하는 동지 10여 명과 함께 세상의 명예를 버리고 산속에 은둔하며 깨달음을 위한 수행을 하자고 약속했습니다. 그때 동지들과 다음과 같이 다짐했다고 해요.

"우리는 명예와 이익을 버리고 산속에 들어가 결사를 맺기로 뜻을 모은다. 항상 좌선을 익히고 지혜 닦기에 힘쓰며, 예불하고 경전을 읽으며, 나아가서는 함께 노동하는 데 힘을 쏟으며 각자 제가 맡은 일을 다하고, 인연에 따라 심성을 닦고 길러 한평생을 구속받지 않고 지내면서, 달사(達士)와 진인(眞人)의 높은 수행을 따르면 어찌 즐겁지 않으랴!"

그렇지만 지눌이 은둔하며 수행한 것만은 아닙니다. 지눌은 불교 이론 공부에도 남달랐어요. 당시 불교는 좌선 중심의 선종과 경전 이론을 공부하는 교종으로 나뉘었는데, 지눌은 이 둘이 결국 하나라고 여기고 통합하려고 노력했지요. 그 결과 그의 사상은 오늘날 '대한불교 조계종'이라고 하는, 우리나라에서 가장 큰 불교 종단의 정신적 기반이 되었지요. 열반에 든 이후에는 불일보조(佛日普照)라는 시호가 내려졌고, 국가적 스승인 국사로 추대되었어요. 그다음부터 보조국사 지눌이라고 불리게 되었습니다.

● **간디**(Mohandas Karamchand Gandhi, 1869~1948)
간디는 인도 민족해방운동의 지도자입니다. 영국에서 변호사 자격증을 따고 법률 관련 일로 남아프리카로 갔는데, 그때부터 인생이 바뀌기 시작했습니다. 남아프리카에 살고 있는 인도인들이 백인에게 차별받는 모습을 목격하고는 인도인의 인권 수호와 인종차별 반대 운동을 펼치게 되지요. 최고의 진리를 내적으로 파악하고 유지하며 비폭력적으로 이어 가는, 이른바 사티야그라하(眞理把持, 진리파지) 운동을 전개해 나갔습니다.

인도에 돌아온 뒤에는 영국 식민 지배로부터 독립하기 위한 운동에 적극 나섰지요. 힌두교 최고의 경전인 『바가바드기타』, 톨스토이의 기독교 관련 글과 『신약성경』 등에 영향을 많이 받아 비폭력, 불살생, 무소유 등의 정신을 실현하려고 했습니다.

간디의 책을 읽다가 제 눈에 쏙 들어오는 구절이 있었습니다.

"죄악은 비밀과 관련되어 있다. 우리는 신이 우리의 생각까지도 주목하고 있다는 사실을 깨닫는 순간 자유로울 것이다. 나는 특히 정치에서 비밀을 죄악이라고 여기게 되었다. 만약에 우리가 신이 우리의 말과 행동을 주목하고 있다는 사실을 깨닫는다면 우리는 누구에게도 아무것도 숨길 수 없을 것이다. 우리는 조물주 앞에서 불결한 생각을 떠올릴 수 없고, 말할 수도 없다. 불결은 비밀과 어둠을 찾는다. 인간성은 더러운 것을 숨기는 경향이 있다. 우리는 더러운 것을 보거나 만지고 싶지 않다. 우리는 그것을 보이지 않는 곳에 놓고자 한다. 우리의 말도 마찬가지이다. 나는 우리는 세상에서 숨기고 싶은 생각을 떠올리지도 말아야 한다고 생각한다. 나는 순수한 비폭력의 행동을 지지한다. 나는 공개된 수단을 원한다. 나는 비밀을 싫어한다."(「간디, 맨발로 갠지스강을 걷다」)

"죄악은 비밀과 관련되어 있다."라는 간디의 말에는 깊은 뜻이 들어 있습니다. 무언가를 숨기다 보면 위선적으로 행동하게 되고 너도 나도 그렇게 하다 보면 거짓의 속임수들이 온 사회의 관계망을 형성하며 결국 죄악과 폭력이 널리 퍼지게 되지요. 자신을 믿든지 그 어떤 것을 믿든지, 믿는다는 것은 대상과 자신 사이에 숨김이 없다는 것을 뜻합니다. 믿음이 있는 곳에는 비밀도 없게 마련이지요. 거짓이 있는 곳에 폭력도 생겨난다는 생각으로 간디는 순수한 비폭력의 자세로 평생을 살았어요. 그래서 인도의 "위대한(마하) 영혼(아트마)"으로 불리게 되었습니다. 그래서 마하트마 간디가 그의 또 다른 이름이 되었어요.

● 위르겐 몰트만(Jürgen Moltmann, 1926~)

몰트만은 독일 출신의 신학자입니다. 생존해 있는 신학자 가운데 학문적 영향력이 아주 큰 분이라고 할 수 있어요. 독일이 제2차 세계대전(1939~1945)을 벌이자, 감수성이 예민한 10대 후반이었던 몰트만은 독일 육군으로 입대합니다. 그러고는 열아홉 살 때 영국에 전쟁 포로로 끌려가지요. 5년간 철창에 갇혀 지내면서 기존 세계관이 무너지는 경험을 하고 기독교 신앙에서 삶의 희망을 찾습니다. 그리고 영국에서 처음으로 신학 공부를 시작하게 되지요.

몰트만은 독일 정부가 악을 행하고 무의미한 전쟁을 일삼던 기억을 떠올리면서 학문이 정치를 떠나서 이루어질 수 없다고 생각합니다. 독일 괴팅겐 대학에서 본격적으로 신학 공부를 시작하면서 신학도 그저 교회를 위한 학문이 아니라 정치적 책임을 다하는 학문이어야 한다는 생각을 갖게 되지요. 또한 독일 고백교회 출신인 부인과의 대화를 통해서, 자신이 더 이상 한 개인이 아니라 아내와 함께하는 삶의 공동체에 속해 있다고 생각하게 되었지요.

이러한 시대 상황 속에서 몰트만은 기독교와 마르크스주의의 대화에 참여하게 됩니다. 가톨릭, 개신교 신학자들과 동유럽 마르크스주의 철학자들이, 자기 이념이나 신앙을 선전하려는 의도 없이 건전하게 서로 비평하고 이해하려는 모임이었어요. 몰트만은 이런 대화를 통해 신학은 더 이상 순수한 이론이 아닌, 실천적 이론이 되어야 한다는 사실을 배웠습니다. 신앙 생활을 한다며 사회적 불의에 눈감으면 안 된다고 보았어요. 이런 정신에 기반을 둔 학문을 정치신학이라고 합니다.

정치신학에서는 어떤 개념이 진리냐 아니냐, 신이 존재하느냐 아니냐를 묻는 것보다 사람을 억압하느냐 해방하느냐, 소외하느냐 인간화하느냐 등을 중시합니다. 당연히 교회는 부자보다 가난한 사람에게 더 관심을 기울이고, 건강한 이보다 병든 이와 교제하는 데 더 중점을 두어야 한다는 것이지요.

이런 정치적 책임 의식은 '희망의 원리'에서 나온다고 할 수 있어요. 희망을 지닌다는 것은 현실에 안주하는 것도 아니고, 체념하는 것도 아닙니다. 도리어 현실의 한계와 고난보다 더 큰 힘을 자신 안에 가져오는 것이고, 그 힘으로 고난을 이겨 내는 것이지요. 몰트만이 보건대 신앙을 가진다는 것은 희망을 가진다는 것입니다. 희망은 신앙과 동의어이지요. 그리고 신앙이 없다는 것은 종교 단체에 출석하지 않는 일이 아니라, 절망하는 것을 뜻합니다. 절망이 죄인 셈이지요.

● **윌프레드 캔트웰 스미스**(Wilfred Cantwell Smith, 1916~2000)

윌프레드 캔트웰 스미스는 캐나다에서 태어나 캐나다와 미국에서 활동한 종교학자입니다. 인간에게는 왜 이렇게 다양한 종교현상이 있는지, 다양한 역사 자료를 통해 그 인간학적 의미를 객관적 자세로 찾아가는 학문을 '종교학'이라고 하지요.

종교학은 특정 신앙을 전제하는 신학이나 불교학 등과는 관점이 다릅니다. 종교를 연구한다는 것은 다양한 종교현상을 통해 인간을 연구하는 것이에요. 신과 같은 초자연적 실재를 연구하기도 하지만, 신 자체를 연구한다기보다는, 인간이 신을 어떻게 보고 어떻게 체험하고 있나를 연구하지요.

그렇게 연구하다 보면, 인간은 현실 안에 살지만 그 안에만 갇혀 있지 않고 그 너머를 지향하는 존재라는 사실을 알 수 있습니다. 현실 '너머'라는 표현이 거슬린다면, 현실의 근원이라고 해도 상관없어요. 인간의 깊은 내면이라고 해도 되고요. 예배당이나 각종 경전, 종교인들의 의례 등 겉으로 드러난 각종 현상이나 재료들은 전부 인간에 의해 생겨났습니다. 아무런 의미도 없이 만들어 낸 것들도 아니지요. 신과 같은 초월적 실재에 대한 의미의 표현이에요. 인간은 그런 의미를 추구하고, 인간 안에는 그런 실재를 지향하는 능력이 있다고 보았고 그런 능력을 스미스는 '신앙(faith)'이라고 불렀지요.

스미스에 따르면, 종교학은 종교 건축물이나 복장 등을 연구하는 것이라기보다는 그런 것들을 낳은 인간의 내면을 연구하는 학문이지요. 종교 건축물이 웅장하다고 해서 우월한 종교라거나, 소박하다고 해서 열등한 종교라는 식으로 나무라서는 안 됩니다. 어떤 종교는 옳고 다른 종교를 틀리다고 정할 수도 없습니다. 종교의 핵심은 외적 사물에 있는 것이 아니라 그런 사물을 낳은 인간 내면에 있는 것이니까요. 그 내면이 신앙입니다.

종교 연구는 결국 신앙 연구라고 할 수 있어요. 종교를 제대로 보려면 그 종교적인 삶을 사는 사람 속에 들어가 보아야 합니다. 종교를 사물이 아니라 인격체로서 다룰 수 있어야 한다는 뜻이지요. 그렇게 종교를 인격적으로 대할 수 있다면 그 사람 자신이 인격적이라는 증거이기도 해요. 상대방을 존중할 줄 모르는 사람은 종교를 제대로 연구할 수도 없답니다. 상대방의 종교를 인격적으로 대하면서 그 사람의 인격도 풍성해지고, 서로 통하는 영역도 넓어지면서 인류가 서로 평화롭게 연대할 수 있는 가능성도 커지는 것이지요.

종교학은 기독교나 불교 같은 특정 종단 안에 있는 사람들이 더 넓은 시야를 가질 수 있게 도와줍니다. 스미스는 이런 식의 연구에서 뛰어난 성과를 보여 주었습니다.

● **소태산 박중빈**(少太山 朴重彬, 1891~1943)

소태산은 한국에서 생겨난 원불교의 창시자 박중빈의 호입니다. 소태산은 종교적 감수성이 예민했나 봅니다. 어려서부터 세상 돌아가는 이치를 알고 싶어 기도도 하고 치성도 드리고 이런저런 현자들도 만나 배우며 정진했답니다. 그렇게 26세 되던 1916년 4월 28일, 갑자기 정신이 맑아지면서 그동안의 의문이 한꺼번에 풀리게 되었답니다.

그 뒤 그는 유교, 불교, 도교, 동학, 기독교 등 각종 종교 경전에 나타난 성현들의 가르침과 자신의 깨달음을 비교해 보았지요. 그랬더니 자신의 깨달음이 붓다의 깨달음과 같더랍니다. 그것을 확인한 뒤 제자들을 모아 전남 영광에서 '불법연구회'를 창립했고(1925), 활동지를 익산(당시는 이리)으로 옮긴 뒤 교단 확립을 위해 박차를 가했습니다. 그가 세상을 떠난 뒤 제자인 정산 송규(鼎山 宋奎, 1900~1961)가 1948년 불법연구회의 이름을 '원불교(圓佛敎)'로 바꾸었습니다.

소태산이 활동하던 20세기 초반 우리나라는 일본의 지배하에 있으면서 물질문명도 급격하게 변해 가던 시기였습니다. 이때 정신적 역량을 갖추지 않으면 모두 물질의 노예가 되고 말 거라고 소태산은 생각했어요. 그래서 "물질이 개벽되니 정신을 개벽하자."라는 표어를 내걸었지요. 이러한 정신을 이어받아 원불교는 정신과 육체, 수행과 생활을 모두 중시하는 편이지요. 원불교 용어로 '영육쌍전(靈肉雙全)'이라고 합니다.

원불교 교당에는 불상은 없고 원(圓)의 형상만 걸려 있습니다. 그 원을 일원상(一圓相)이라고 하는데 인간이 체득해야 할 우주적 진리를 상징적으로 형상화한 것이지요. 원불교에서는 불교의 공(空)이든, 기독교의 하느님이든, 동양 전통의 도(道)든 모두 '일원'의 다른 표현이라고 믿습니다. 이런 정신을 이어받아 원불교에서는 다양한 종교 전통들을 한 지붕 아래 있는 형제자매들로 여기며 사이좋게 지내려고 하지요. 세계에 국제연합(UN)이 있듯이, 종교계에는 종교연합(United Religion)이 있어야 한다며, 종교 대화 운동을 벌이기도 한답니다.

● **원효**(元曉, 617~686)

원효는 신라시대 스님이자, 한국 역사상 최고의 사상가로 꼽히는 분입니다. 원효는 신라에 불교가 전해진 지 100여 년쯤 뒤에 태어났습니다. 아직은 불교의 가르침이 낯설던 시절이었을 텐데, 그 시절 원효가 이루어 놓은 불교학 연구는 지금 보아도 놀라울 정도예요. 요즘 책처럼 두툼하지는 않고 다 남아 있는 것도 아니지만, 모두 240여 권의 저술을 남긴 것으로 알려져 있어요. 그 내용도 모두 심오하지요.

원효가 세상을 떠난 뒤 1천4백여 년이 지난 지금까지도 원효가 이루어 놓은 불교학 연구는 한국은 물론 일본이나 중국에서도 최고로 여깁니다. 신기한 일이지요. 2011년 기준으로 한국에 가톨릭이 들어온 지 227년, 개신교가 들어온 지 127년이 지났지만, 요즘 가톨릭과 개신교 신학자 중에 앞으로 1천4백 년이 지난 뒤에도 한국 최고의 신학자라고 꼽힐 만한 분이 있을지 생각해 보면, 원효의 천재성은 놀랍습니다. 여전히 원효의 책들을 해설하는 것을 자신의 전공으로 삼고 있는 학자들이 많으니 말예요.

원효와 관련하여 유명한 이야기가 있지요. 그가 34세에 신라의 다른 스님인 의상과 함께

중국(당나라)으로 불교를 공부하러 떠났다가 요동 지역에서 첩자로 몰려 공부도 하지 못한 채 신라로 되돌아온 적이 있습니다. 하지만 원효의 열정은 대단해서 45세 되던 해에 의상과 함께 다시 중국 유학길에 오르지요. 이번에는 배를 타고 가려고 백제 지역의 한 항구로 가던 어느 비 오는 날 밤에 토감(흙구덩이 같은 곳)에서 자게 됩니다. 피곤하니 달게 잤겠지요. 그런데 아침에 깨어 보니 오래된 무덤이었던 거예요. 그런데 비가 그치질 않아 거기서 하룻밤을 더 묵게 되었답니다. 그런데 이번에는 오래된 무덤이라 생각하니 귀신이 나올 것 같은 두려움에 잠을 잘 이루지 못했답니다. 그때 원효는 한 가지 중요한 사실을 깨닫게 됩니다.

"전날의 잠자리는 토감이라 편안했는데, 오늘 밤은 귀신의 집에 의탁하니 근심이 많구나. 알겠구나, 마음이 일어나면 갖가지 현상이 일어나고, 마음이 사라지면 토감과 무덤이 둘이 아님을……. 삼계(三界)는 오직 마음이요, 만법은 오로지 인식일 뿐이다. 마음을 떠난 현상이랄 것이 없는데 어찌 진리를 다른 데서 구하겠는가? 나는 당나라에 가지 않겠다."

이 이야기는 『송고승전』이라는 문헌에 나옵니다. 그런데 연수라는 분이 쓴 『종경록』에는 밤에 웅덩이에 고인 물을 손으로 떠서 달게 먹고 다시 잠들었는데 아침에 보니 시체가 썩어 고인 물이었다는 사실을 알고는 구토를 했다는 식으로 기록되어 있습니다. 그러다 보니 원효가 해골에 고인 물을 먹고는 구토한 뒤 깨달음을 얻었다는 이야기가 전해 오는 것입니다. 이 책 본문에서는 좀 더 많이 알려진 이야기를 소개했습니다.

● 마커스 보그(Marcus J. Borg, 1942~)

마커스 보그는 스웨덴계 미국인 성서학자입니다. 역사적으로 예수는 어떤 사람이었는지에 대해 정력적으로 연구 결과를 내놓고 있는 세계적인 연구자이죠. 쉬우면서 학문적 양심에 솔직한 글로 기독교 신앙이 유치한 데 머물지 않고 지성적으로 성숙해질 수 있도록 노력하고 있습니다.

　미국 루터교회 집안에서 자란 보그도 어린 시절 교회를 열심히 다녔답니다. 그러다가 교회에서의 가르침이 불합리하다고 판단해 교회를 떠나지요. 그 뒤 기독교 신앙의 원리를 재발견하고는 20여 년 만에 기독교인으로 되돌아왔습니다. 지금까지도 역사적 사실에 충실하면서 지성적 신앙생활이 가능하다는 사실을 여러 책을 통해 열정적으로 보여 주고 있지요.

　보그의 책은 우리말로도 일곱 권가량 번역되었습니다. 우리나라에도 독자가 많다는 뜻입니다. 많은 이들이 그의 책을 읽고는 초월적인 존재로서의 그리스도보다는 역사적 인물로서의 예수에 대한 관심을 새롭게 갖곤 합니다. 한국 기독교인이 예수를 쉽게 신과 동일시하며 그의 인간적 면모는 소홀히 하는 경향이 큰데, 이러한 문제점을 보그가 많이 해소해 주고 있어요.

　오랫동안 미국 오리건 주립대학 교수로 있다가 2007년 은퇴한 뒤, 지금은 역사적 예수에 관한 글을 쓰면서, 성공회 사제인 부인을 도와 교회에서 여러 가지 봉사도 하고 있답니다. 우리말로 번역된 그의 책 가운데 『기독교의 심장』(김준우 옮김, 한국기독교연구소 2009)은 기독교의 전통은 어떤 것이며 기독교인의 삶은 어때야 하는지 쉽고 깊게 정리해 주고 있어요. 기독교적 믿음의 내용은 어떤 것인지 궁금하다면 『기독교의 심장』에서 도움을 얻을 수 있을 것입니다.

그림을 그린 **노석미** 선생님은
홍익대학교에서 회화를 공부했고, 일러스트레이션, 디자인, 인형 만들기, 아트 상품 제작 등을 하면서 여러 차례 개인전과
기획전을 열었습니다. 펴낸 책으로는 「나는 네가 행복했으면 해」 「스프링 고양이」 「나옹이」 「상냥한 습관」 「왕자님」 「용기가
대단하세요」 「서른 살의 집」 등이 있습니다.

믿는다는 것
이찬수 선생님의 종교 이야기

2011년 12월 12일 제1판 1쇄 발행
2017년 9월 15일 제1판 4쇄 발행

지은이	이찬수
그린이	노석미
펴낸이	김상미, 이재민

기획	고병권
편집	김세희
디자인기획	민진기디자인

종이	다올페이퍼
인쇄	청아문화사
제본	광신제책

펴낸곳	너머학교
주소	서울시 종로구 누라도 17번지 2층
전화	02)336-5131, 335-3366, 팩스 02)335-5848
등록번호	제313-2009-234호

ⓒ 이찬수, 2011
이 책의 저작권은 저자에게 있습니다.
저자와 출판사의 허락 없이 내용의 일부를 인용하거나 전재하는 것을 금합니다.
ISBN 978-89-94407-13-5 44200
ISBN 978-89-94407-10-4 44100(세트)

너머북스와 너머학교는 좋은 서가와 학교를 꿈꾸는 출판사입니다.